I0075940

R.E.I. Editions

Tutti i nostri ebook possono essere letti sui seguenti dispositivi:
- Computer
- eReader
- iOS
- Android
- Blackberry
- Windows
- Tablet
- Cellulare

Degregori & Partners

Il Mercato dei Cambi

Quaderni di Finanza 7

ISBN: 978-2-37297-3441
Disponibile anche in formato Ebook - ISBN: 978-2-37297-3861

Pubblicazione: ottobre 2018
Nuova edizione gennaio 2022
Copyright © 2018 - 2022 R.EI. Editions
www.rei-editions.com

Le informazioni sui prodotti finanziari e i commenti ai mercati espressi in questo volume non rappresentano in alcun modo una raccomandazione all'acquisto o alla vendita di titoli. Nessuna informazione contenuta nel presente testo costituisce o deve essere interpretata come un consiglio di investimento, legale o fiscale: una consulenza professionale e specifica è sempre indispensabile prima di prendere qualsiasi decisione di investimento.

I Quaderni di Finanza hanno lo scopo di promuovere la diffusione dell'informazione e della riflessione economico-finanziaria sui temi relativi ai mercati mobiliari nazionali e internazionali e alla loro regolamentazione.

Piano dell'opera

Degregori & Partners

Il Mercato dei Cambi

Quaderni di Finanza (7)

R.E.I. Editions

Indice

7

Il mercato dei Cambi

Il mercato dei cambi, detto più comunemente "Forex" (Foreign exchange market), è un mercato finanziario over-the-counter, quindi non regolamentato, decentralizzato, dove sono scambiate le valute. Il Forex è un mercato continuo che si ferma soltanto nei weekend: le contrattazioni iniziano nei diversi centri di negoziazione la domenica alle 20,15 GMT e si concludono alle 22,00 GMT di venerdì.

Le principali caratteristiche del Forex sono:
* elevato volume degli scambi
* estrema liquidità del mercato
* molti operatori attivi sul mercato
* decentramento geografico
* durata giornaliera degli scambi - 24 ore al giorno (fatta eccezione per i weekend)
* assenza di una clearing house (camera di compensazione).

Il moderno mercato dei cambi è nato nel 1971 quando i tassi di cambio furono lasciati liberi di fluttuare.

Prima del 1971, infatti, le divise erano regolate da un accordo internazionale denominato "Bretton Woods Agreement", che impediva la speculazione sui mercati valutari. Gli accordi di Bretton Woods erano stati conclusi nel 1944 con il fine di stabilizzare le valute internazionali e prevenire la fuga dei capitali tra le nazioni. Questi accordi fissarono un tasso di cambio tra tutte le valute e il dollaro e fissarono il tasso di cambio tra il dollaro e l'oro: 35 dollari per oncia. Prima di tale accordo il gold standard era in uso fin dal 1876. Il gold standard prevedeva l'uso dell'oro come base di ciascuna valuta e in questo modo impediva a re e governanti di svalutare arbitrariamente il denaro. Il gold exchange standard presentava, comunque, numerosi problemi. Al crescere, un'economia avrebbe importato beni dall'estero fino all'esaurimento delle riserve auree. Il risultato di ciò era una restrizione dell'offerta di moneta nel paese che causava un innalzamento dei tassi di interesse comportante un rallentamento dell'attività economica che avrebbe potuto portare anche alla recessione. Infine, la recessione avrebbe causato una caduta dei prezzi dei beni così in basso che essi sarebbero apparsi convenienti ad altri paesi. Ciò a sua volta portava a un flusso inverso di oro in entrata nell'economia e il risultante aumento nell'offerta di moneta causava una caduta del tasso d'interesse e un rafforzamento dell'economia. Tali pattern di boom-recessione erano frequenti nel mondo durante gli anni del gold exchange standard e fino allo scoppio della Prima guerra mondiale, che interruppe il libero flusso degli scambi e di conseguenza i movimenti dell'oro. Dopo la guerra fu adottato il Bretton Woods Agreement, con il quale le nazioni partecipanti accettavano di mantenere il valore delle loro valute all'interno di uno stretto margine di cambio con il dollaro. Un tasso era anche fissato per stabilire il rapporto del dollaro rispetto all'oro. Alle nazioni era proibito di svalutare la propria valuta oltre il 10%, per migliorare la propria posizione commerciale. In seguito alla Seconda guerra mondiale il commercio internazionale si espanse rapidamente per via delle esigenze di ricostruzione post-bellica e ciò comportò massicci movimenti di capitali. Ciò destabilizzava i tassi di cambio che erano stati fissati per mezzo degli accordi di Bretton Woods. Tali accordi furono infine abbandonati nel 1971, e in seguito a ciò il dollaro non fu più convertibile in oro. A partire dal 1973, le valute delle nazioni maggiormente industrializzate divennero liberamente fluttuanti, essendo spinte principalmente dalle forze dell'offerta e della domanda. I prezzi erano formati da volumi, velocità e volatilità crescenti durante gli anni settanta. Ciò portò alla nascita di nuovi strumenti finanziari, alla deregolamentazione del mercato e al libero scambio. Comportò inoltre un aumento del potere degli speculatori. Negli anni ottanta i movimenti internazionali di capitali ebbero un'accelerazione dopo l'arrivo dei personal computer che portarono il Forex a essere un mercato continuo. Londra si è affermata come il principale centro finanziario globale ed è il più grosso mercato Forex del mondo. Tale affermazione non è dovuta solo al suo posizionamento, che le consente di operare durante l'apertura dei mercati asiatici e americano, ma anche alla creazione del mercato dell'Eurodollaro. Il mercato dell'Eurodollaro si venne a creare durante gli anni 50, quando i proventi che l'Unione Sovietica derivava dalla vendita del petrolio, tutti denominati in dollari, venivano depositati al di fuori degli USA per il timore che venissero bloccati dalle autorità statunitensi. Questa pratica fece sì che un grosso quantitativo di dollari statunitensi si trovasse al di fuori del controllo degli Stati Uniti. Queste vaste riserve di liquidità erano molto attraenti per gli investitori di tutto il mondo in quanto erano soggette a una regolazione molto meno penetrante e offrivano una redditività più elevata.

Nel corso del tempo Londra si è, quindi, affermata come il principale centro valutario globale, con l'ammontare degli scambi in valute che ha recentemente superato il 37% del valore medio giornaliero, seguita dagli Stati Uniti con il 17,9%, dal Giappone con il 6,2%, da Singapore con il 5,3%, da Hong Kong con il 4,7%, dalla Svizzera con il 5,2% e dall'Australia con il 3,8%. Nel mercato Forex:

- Circa il 7% degli scambi giornalieri è effettuato da Aziende e Stati che comprano o vendono prodotti e servizi in Nazioni straniere o devono convertire nella propria valuta di riferimento i profitti realizzati in valute non nazionali.
- Circa il 93% degli scambi è speculazione o, come spesso si chiama, "trading for profit".

I volumi sul Forex hanno sperimentato una crescita esponenziale negli ultimi quarant'anni fino a rappresentare oggi il più grande e liquido mercato del mondo; secondo i dati di CLS (Continuous Linked Settlement), il volume medio giornaliero degli scambi è salito a 1.805 miliardi di dollari a gennaio 2018, una crescita del 24% rispetto all'anno precedente e del 15,6% rispetto ai livelli di dicembre 2017, con un ulteriore incremento a 2.054 miliardi di dollari nel mese di febbraio (2018). Il fatto di essere un mercato Over the Counter (OTC), in cui non vi è un'allocazione base, rende difficoltoso stimare però con precisione i volumi del Forex.

L'unico organo ufficiale che periodicamente raccoglie in una pubblicazione i dati forniti dalle principali Banche Centrali mondiali è la Banca dei Regolamenti Internazionali (BRI) con sede a Basilea; ogni tre anni, 52 Banche Centrali e Autorità Monetarie partecipano al Convegno Triennale sul mercato dei cambi e sui mercati dei derivati, presentando i dati sulle movimentazioni del Forex (transazioni spot, forward, e swap). Il Forex è formato da diversi partecipanti che negoziano direttamente tra loro. Questi partecipanti possono essere divisi in due gruppi:

1. Il mercato interbancario.
2. Il mercato al dettaglio.

1. Il mercato interbancario

Il mercato interbancario è relativo alle transazioni che si verificano tra gli istituti centrali, le banche commerciali e i grandi dealer finanziari.

- **Le Banche centrali**, come la Fed statunitense o la BCE, giocano un ruolo fondamentale nel Forex. Il loro obiettivo principale consiste nel mantenere la stabilità dei prezzi e nel favorire la crescita economica. Per raggiungere tali traguardi, gli istituti centrali regolano l'intera fornitura di denaro nell'economia, impostando i tassi di interesse e i requisiti di riserva. Le banche centrali possono intervenire sul mercato dei cambi per allineare i cambi alle proprie strategie monetarie.
- **Le Banche commerciali**, che forniscono liquidità al Forex in base al volume di trading che gestiscono giornalmente. Alcune di queste negoziazioni sono le conversioni delle valute estere per conto dei clienti, mentre altre operazioni sono condotte dagli istituti a scopo speculativo. Più dell'85% delle transazioni giornaliere avvengono sulle coppie strategiche di valute che includono il Dollaro Statunitense, l'Euro, la Sterlina Inglese, lo Yen Giapponese, il Franco Svizzero, il Dollaro Canadese e il Dollaro Australiano. Per quanto riguarda la composizione dei flussi valutari, possiamo

osservare che il dollaro statunitense detiene l'89%, seguito dall'Euro con il 39%, dallo Yen con il 21% e dalla sterlina con il 13%, e questo a dimostrazione che tanto più un paese ha un'economia solida e un mercato dei capitali in espansione, tanto più sarà l'interesse per la sua valuta nazionale.

- **Le Istituzioni finanziarie**, ovvero i fondi d'investimento, i fondi pensione e le compagnie di brokerage che operano sui mercati delle valute sia per diversificare i propri portafogli sia per cercare le migliori opportunità di investimento per i propri clienti.

2. Il mercato al dettaglio

Il mercato al dettaglio è relativo alle transazioni eseguite da speculatori e investitori. Queste transazioni sono eseguite tramite i broker che agiscono come mediatori tra il mercato al dettaglio e il mercato interbancario. I partecipanti al mercato al dettaglio sono i fondi speculativi, le imprese e gli individui.

- **Fondi speculativi o Hedge Fund**, fondi di investimento che operano usando spesso la leva finanziaria. Tali fondi speculativi ricercano opportunità di trading nel Forex. Eseguono le negoziazioni dopo aver condotto un'analisi macroeconomica che cerca di individuare il possibile andamento di una valuta di una particolare nazione. A causa della loro ampia liquidità e delle loro strategie aggressive, influenzano notevolmente i mercati valutari.
- **Imprese**, ovvero importatori (che acquistano beni esteri richiedendo valuta straniera) ed esportatori (che vendono beni all'estero, ricevendo valuta non nazionale, che successivamente scambiano con quella nazionale).
- **Investitori**, che richiedono valuta straniera per comprare titoli o per fare investimenti diretti all'estero.
- **Gli arbitraggisti**, che realizzano contemporaneamente transazioni su due mercati differenti al fine di sfruttare le differenze di prezzo.

- **Gli speculatori**, trader individuali che negoziano i loro capitali nel Forex, in modo da trarre profitti dalla speculazione sui rapporti futuri di scambio. Operano maggiormente attraverso piattaforme di trading che offrono spread stretti ed esecuzione immediata degli ordini. Gli investitori che speculano in questo campo non sono interessati a possedere una valuta estera al fine di poterla utilizzare, ma mirano esclusivamente ad approfittare dalle oscillazioni di mercato sfruttando il differenziale tra il prezzo di acquisto e il prezzo di vendita (o viceversa). Molti trader tendono a operare con un orizzonte temporale di breve termine, talvolta con diverse operazioni aperte e chiuse all'interno della stessa giornata di trading. Questa categoria di trader prende il nome di day trader.

Parentesi esplicativa merita il ruolo dei Market Makers, coloro che sul mercato assolvono alla funzione di formare i prezzi delle attività scambiate in un istante. Al pari di quanto accade in altri mercati finanziari, i Market Makers formulano proposte di acquisto e vendita su ogni valuta, grazie al meccanismo della doppia quotazione bid&ask (sia a pronti che a termine). Tale sistema, oltre a garantire uno Spread di profitto per l'istituto finanziario, conferisce immediatezza agli scambi, vedendo nel Market Maker la diretta controparte della transazione.
Il Market Maker opera ponendosi, non come semplice intermediario tra operatore e mercato interbancario, ma come garante dell'esecuzione degli ordini ricevuti. In tale ambito, le commesse vengono gestite internamente dal broker che assume posizione in prima persona, riproducendo quotazioni analoghe a quelle del mercato reale (vigente sull'interbancario) del Forex.
Il Market Maker si pone dunque, come controparte dell'ordine, assumendo posizione contraria rispetto a quella del cliente e gestendo poi quest'ultima grazie a un sistema interno di abbinamento ordini Dealing Desk (regolato da persone fisiche o sistemi automatizzati). Quest'ultimo sistema è finito ripetute volte al vaglio mercato, dietro l'accusa di comportamento scorretto verso i clienti.

Le autorità di controllo che svolgono il ruolo di garanti del mercato sono:

- **La Clearing House**, che vigila affinché tutti abbiano la disponibilità economica necessaria a rispondere per ogni transazione.
- **Le Commissioni di Borsa**, che vigilano sull'operato delle Borse (come la FSA inglese e la Finanstilsynet, l'organo di controllo danese) e sulla regolarità delle transazioni.
- **Le Commissioni**, che vigilano sui Brokers e sulla loro solvibilità economica, come la CFTC (Commodities Futures Trading Commission) e la NFA (National Futures Association).

L'oggetto delle transazioni nel mercato dei cambi è rappresentato da disponibilità di fondi denominate in valute diverse; in pratica, vengono definiti i prezzi della moneta nazionale in termini di monete estere.
Alcune caratteristiche operative del mercato:

- Il trasferimento "fisico" della valuta è del tutto episodico, la norma è invece quella dei trasferimenti contabili.
- Le transazioni avvengono prevalentemente via circuito telefonico e telematico

Le transazioni di grande importanza richiedono lo stesso impegno "amministrativo" di quelle di minore importo spingendo così tale mercato ad assumere la caratteristica di mercato all'ingrosso. Sul mercato dei cambi vengono svolte operazioni di compravendita la cui struttura contrattuale è riconducibile alle forme tradizionali delle operazioni a pronti e a termine e ai contratti derivati del tipo swap, future e option. Nel mercato a pronti le operazioni sono liquidate entro 2 giorni lavorativi; nel mercato a termine gli scambi prevedono il regolamento a scadenze distribuite normalmente all'interno di un orizzonte di 12 mesi. Il mercato rende possibile il cambio delle valute necessario per regolare scambi commerciali tra operatori di paesi diversi (e con monete diverse); in questo senso rappresenta un fattore di facilitazione dei flussi di import ed export tra paesi. A questa funzione di base si aggiunge poi quella di copertura del rischio di cambio associato ai pagamenti commerciali. Importatori ed esportatori sono soggetti ai rischi di cambio allorché stabiliscono di pagare/riscuotere in una data diversa (in genere successiva) rispetto a quella di definizione della transazione. L'investimento dei capitali nei mercati azionari e obbligazionari (o in qualsiasi altro strumento finanziario) prevede la scelta della valuta in cui effettuare l'investimento stesso; il mercato dei cambi consente quindi la sistematica ridefinizione della valuta di impiego della ricchezza finanziaria. Come nel caso degli scambi commerciali, anche negli investimenti finanziari internazionali si aprono posizioni di rischio di cambio e se l'investitore decide di coprirle farà un'operazione di cambi a termine. I movimenti dei prezzi delle valute creano l'opportunità di compiere operazioni a termine basate sulle aspettative di profitto legate alla capacità di prevedere l'andamento dei prezzi stessi: gli operatori che prevedono un rialzo del cambio compreranno a termine, quelli che prevedono un ribasso venderanno. In questo modo il mercato tende a correggere gli errori di pricing e quindi ad accrescere la sua efficienza.

Sotto il profilo tecnico le transazioni vengono concluse sulla base del sistema di definizione del prezzo c.d. double way; l'intermediario contattato comunica, per ogni tipologia di operazione due tassi di cambio per ogni valuta potenziale oggetto di scambio:

- al primo prezzo (detto "denaro" o bid) l'intermediario è disposto ad acquistare la valuta
- al secondo (detto "lettera" o ask) è disposto a venderla.

Solo sulla base dei prezzi comunicati l'operatore decide se concludere la transazione (eventualmente dopo aver contattato altri intermediari); in caso di decisione positiva l'intermediario è obbligato fino a un certo importo, a rispettare i prezzi comunicati (secondo la logica del market making). Questo sistema garantisce importanti vantaggi al mercato dei cambi e agli operatori che a esso si rivolgono (fluidità delle transazioni, significatività dei prezzi negoziati, impersonalità negli scambi).

D'altra parte è richiesta una notevole capacità tecnica da parte dei market maker, per i quali in ogni momento il livello dei prezzi denaro e lettera e la differenza tra i due (spread) rappresentano la principale componente di redditività e di rischio.

Il rapporto tra due valute può essere:

- Major, se include il dollaro e un'altra delle valute tra le più importanti; ci riferiamo a EUR/USD, USD/JPY, GBP/USD, USD/CHF, USD/CAD, AUD/USD.
- Cross, se non comprende il dollaro americano; tra le principali abbiamo, EUR/CHF, EUR/GBP, EUR/CAD, EUR/AUD, EUR/JPY e GBP/JPY.
- Esotico, se include una valuta secondaria, che solitamente viene poco scambiata; esempi di coppie valute esotiche sono USD/HKD, USD/SGD, USD/ZAR, USD/MXN.

Tutte le valute nel Forex sono indicate con una sigla ISO di tre lettere; le prime due lettere fanno capire qual è il Paese (ad esempio, nella sterlina GBP, GB sta per "Gran Bretagna") mentre la terza e ultima lettera fa capire di quale tipo di moneta si tratta (P sta per "pound", ovvero sterlina).

Il tasso di cambio

Il tasso di cambio si definisce come numero di unità di moneta estera che possono essere acquistate con un'unità di moneta nazionale. Da questa definizione segue quella dei termini apprezzamento, deprezzamento, rivalutazione e svalutazione. Quando il tasso di cambio cresce si ha un deprezzamento della valuta estera; quando il tasso di cambio subisce un calo si ha un apprezzamento della valuta estera. In regime di cambi fissi, sulla base della definizione di tasso di cambio, un aumento e una riduzione del tasso di cambio vengono definiti rispettivamente svalutazione e rivalutazione.

Si definisce "Tasso di cambio nominale" il prezzo di una valuta in termini di un'altra, ovvero il tasso al quale è possibile effettuare il cambio di un determinato ammontare di una valuta nell'ammontare equivalente di un'altra valuta. Questo prezzo può essere definito in due modi:

- Il primo metodo, detto quotazione "incerto per certo" (price quotation system) definisce il tasso di cambio come quantità di valuta nazionale scambiata per una unità di valuta estera, per cui il tasso di cambio sarà il prezzo della valuta estera in termini di valuta nazionale. Esempio: 0.8 euro per 1 US$

- Il secondo, detto quotazione "certo per incerto" (volume quotation system), definisce il tasso di cambio come quantità di valuta estera scambiata per una unità di valuta nazionale, per cui il tasso di cambio sarà il prezzo della valuta nazionale in termini di valuta estera. Esempio: 1.25 dollari per 1 euro

Considerando, ad esempio, il cambio euro/dollaro:
- Nel primo caso (incerto per certo) la quantità di valuta nazionale è incerta: x euro per un dollaro.

- Nel secondo (certo per incerto) è incerta la quantità di valuta estera: un euro per x dollari.

La quotazione usuale del cambio euro/dollaro è certo per incerto.

I tassi di cambio con il dollaro delle valute dei paesi in via di sviluppo vengono invece quotati incerto per certo, ovvero in unità di valuta locale (Local Currency Units, LCU) per dollaro. La differenza non è di piccolo conto:

- Nella quotazione incerto per certo un aumento del tasso di cambio significa che occorre una maggiore quantità di valuta nazionale per acquistare un'unità di valuta estera, e quindi la valuta nazionale vale di meno, cioè si sta svalutando.

- Nel sistema certo per incerto (quello che si applica all'euro), invece, un aumento significa che un'unità di valuta nazionale acquista una maggiore quantità di valuta estera, e quindi che la valuta nazionale vale di più, cioè si sta rivalutando.

Indichiamo con:

$$e_{ij,t}$$

il tasso di cambio incerto per certo fra la valuta del paese i e quella del paese j al tempo t (che può essere un anno, un trimestre, un mese, a seconda della frequenza della rilevazione); $e_{ij,t}$ è quindi espresso in unità della valuta i necessarie per acquistare una unità della valuta j.
Valgono quindi le seguenti relazioni:

$$e_{ji,t} = 1/e_{ij,t} \quad (1)$$

ovvero:

$$e_{ij,t} \, e_{ji,t} = 1 \quad (2)$$

e:

$$e_{ij,t} = e_{ik,t} \, e_{kj,t} \quad (3)$$

21

Secondo la (1) il cambio della valuta j rispetto alla i è l'inverso di quello della valuta i rispetto alla j.

Questa relazione esprime il semplice fatto per cui se, ad esempio, occorrono 3,8 ringgit per acquistare un dollaro (tasso incerto per certo ringgit/dollaro), mentre, al contrario, con un ringgit si acquistano 1/3,8 = 0,26 dollari (tasso di cambio incerto per certo dollaro/ringgit).

Si noti anche che il tasso incerto per certo di j con i equivale al tasso certo per incerto di i con j.

Dalla (1) deriva la (2), la quale afferma che se cambio un certo ammontare di valuta i in valuta j e poi lo cambio nuovamente in valuta i ottengo l'ammontare di partenza (ovvero moltiplico per uno la somma di partenza). Vale la pena di osservare che questa relazione, come la precedente dalla quale deriva, vale solo a livello teorico, perché gli intermediari finanziari coinvolti nelle operazioni di cambio prelevano delle commissioni per i servizi svolti, e ciò si traduce in pratica nell'esistenza di uno scarto o spread fra i tassi praticati per l'acquisto e la vendita delle valute.

La (3) esprime una condizione di coerenza fra i tassi di cambio delle valute di tre paesi: in assenza di costi di transazione, l'ammontare di valuta i necessario per acquistare una unità di valuta j deve essere il medesimo sia se la conversione è diretta, sia se viene effettuata passando attraverso una terza valuta k. Questa relazione permette di ricavare il tasso di cambio fra i e j partendo da quelli di i e j con k.

Esempio

Supponiamo di disporre del tasso di cambio incerto per certo del ringgit verso il dollaro, cioè del cambio MYR/USD, e del tasso di cambio certo per incerto dell'euro verso il dollaro, cioè del cambio USD/EUR.

La formula (3) ci permette di ricavare il tasso di cambio incerto per certo dell'euro verso il ringgit, cioè il cambio MYR/EUR. A questo scopo consideriamo come valuta k il dollaro, come i il ringgit e come j l'euro.

La (3) dice che il tasso ringgit/euro è uguale al prodotto del tasso ringgit/dollaro per il tasso dollaro/euro.

In pratica, se occorrono 3,8 ringgit per un dollaro:

e 1.2 dollari per un euro:

$$(e\ ik,t = 3,8)$$

$$(e\ kj,t = 1,2)$$

allora occorrono:

3,8×1,2 = 4,56 ringgit per un euro (e ij,t = 4,56)

L'esempio qui svolto chiarisce anche quali sono le forze che tendono a far prevalere la relazione (.3). Supponiamo, infatti, che essa non valga, e che, per fissare le idee, bastino solo 4 ringgit per acquistare un euro, cioè:

(e ij,t < e ik,t e kj,t)

In questo caso un operatore del mercato dei cambi può comprare un euro per 4 ringgit, poi acquistare con questo euro 1.2 dollari, con i quali acquistare 1.2×3,8 = 4,56 ringgit.

- Al termine delle operazioni di compravendita i 4 ringgit sono diventati 4,56, con un guadagno di 0,56 ringgit pari al 14%.

Naturalmente la prospettiva di un simile guadagno indurrà tutti gli operatori a effettuare operazioni di questo tipo (dette operazioni di arbitraggio su cambi).
Aumenterà così la domanda di euro in cambio di ringgit, il che porterà a una rivalutazione dell'euro rispetto al ringgit, cioè a un aumento del numero di ringgit necessari per acquistare un euro, il che spingerà eij,t verso il valore di 4,56 implicito nella relazione (3). La (3) chiarisce anche un altro punto importante, cioè che è perfettamente possibile che una valuta si svaluti rispetto a quelle di alcuni paesi, ma si rivaluti (o si svaluti in diversa misura) rispetto a quelle di altri.
Sempre riferendoci all'esempio, in cui i è il ringgit, j l'euro e k il dollaro, è possibile, ad esempio, che eij,t diminuisca

(rivalutazione del ringgit rispetto all'euro) e al contempo eik,t aumenti (svalutazione del ringgit rispetto al dollaro), purché naturalmente ekj,t diminuisca (rivalutazione del dollaro rispetto all'euro).

- Si definisce "Tasso di cambio reale" il tasso al quale è possibile acquistare beni o servizi prodotti in un paese in termini di beni o servizi di un diverso paese.

Ipotizzando, ad esempio, che il prezzo di un bene cresca in Francia del 10% e che vi sia, al contempo, un incremento del tasso di cambio nominale tra sterlina ed euro anch'esso pari al 10% il consumatore francese sperimenterà l'aumento del prezzo del bene in termini reali, mentre per il consumatore britannico - che dispone di sterline - tale prezzo rimarrà invece, per l'effetto combinato dell'aumento del prezzo del bene reale e della contemporanea diminuzione dell'ammontare di sterline necessarie per acquistare un euro, e a meno dell'effetto di eventuali tariffe doganali, invariato.

In formule, il tasso di cambio reale può essere scritto come:

$$EP1/P2$$

dove:

- P1 rappresenta il livello dei prezzi del paese 1 (che utilizza la valuta nazionale.
- P2 rappresenta il livello dei prezzi del paese 2 (che utilizza la valuta estera).
- E è il tasso di cambio.

Cross Rate - È possibile calcolare il tasso di cambio tra due monete (A e B) anche in modo indiretto. Quando si ha a disposizione il tasso di cambio di entrambe le monete rispetto a una terza moneta (D) è possibile individuare il tasso di cambio tra le due monete calcolando il rapporto tra i rispettivi tassi di cambio delle due monete con la terza.

In formula:

$$\mathbf{TcAB = TcAD / TcBD}$$

La formula è da interpretare come un'equazione tendenziale, non puntualmente vera in ogni istante di tempo. Grazie ai disallineamenti sui cambi è possibile la speculazione sulle valute; l'ipotesi di un libero mercato efficiente oppure l'intervento delle banche centrali nei mercati aperti quando vige un regime di cambi fissi, assicurano l'allineamento fra i tassi di cambio e l'assenza di possibilità di arbitraggio.

Si definisce "Tasso di cambio effettivo" un indice di competitività di prezzo di un'area economica (area domestica) rispetto a un certo gruppo di aree economiche concorrenti. Esso mira a rappresentare l'evoluzione dei prezzi nell'area domestica relativamente ai prezzi nelle aree concorrenti. Può essere calcolato nella versione nominale o nella versione reale.

• Il "tasso di cambio effettivo nominale" si costruisce come media ponderata dei tassi di cambio tra la valuta utilizzata nell'area domestica e le valute utilizzate nelle aree concorrenti.

• Il "tasso di cambio effettivo reale" si costruisce aggiungendo alle informazioni sull'evoluzione dei tassi di cambio anche l'informazione sull'evoluzione dei prezzi nelle aree economiche considerate attraverso l'utilizzo di opportuni indici di prezzo (ad esempio indice dei prezzi al consumo). I pesi utilizzati nella ponderazione della media si basano, di norma, sull'entità dei flussi di commercio verso le aree concorrenti in modo da dare maggiore importanza ai prezzi delle aree con le quali si ha un maggiore interscambio commerciale. L'interpretazione dell'indice è che a un incremento corrisponde una diminuzione della competitività di prezzo dell'area (ad esempio, perché i prezzi domestici sono aumentati mediamente di più rispetto ai prezzi delle aree concorrenti), mentre a un decremento corrisponde un aumento di competitività dell'area.

I tassi di cambio vengono pubblicati quotidianamente nella rubrica "Cambi e Tassi" del Sole 24 Ore. In particolare, la tabella "Euro a pronti e a termine" riporta il valore delle principali valute rispetto a un euro. Le prime due colonne, in particolare, si riferiscono al prezzo delle transazioni spot, mentre le colonne successive riguardano i tassi per le transazioni forward (a termine) che avranno luogo a 1, 2, 3, 6 e 12 mesi.

Nello specifico, per ciascuna scadenza sono riportati due tassi di cambio, definiti denaro (bid) e lettera (ask). Il primo e il prezzo al quale chi espone la quotazione (tipicamente una banca) e disposto ad acquistare euro (e dunque a vendere dollari, se si osserva la prima riga): ad esempio, i soggetti disposti a tale acquisto propongono di pagare un prezzo di 1,1609 dollari per euro. Viceversa il tasso di cambio lettera e il prezzo al quale chi quota e disposto a vendere un euro: 1,1611. La differenza tra le due quotazioni, sempre positiva, è chiamata "spread" e rappresenta la remunerazione degli intermediari (market maker) che offrono contratti sia di acquisto sia di vendita di valuta, assicurando cosi al mercato la necessaria liquidità:

spread =

= [(quotazione denaro – quotazione lettera)

/quotazione lettera]*100

La tabella, infine, riporta per ogni riga sottostante le quotazioni, il premio o sconto a termine dell'euro rispetto alla valuta estera. Tale premio o sconto è misurato in termini di differenza tra il prezzo a termine e il prezzo spot.
Ad esempio, confrontando il tasso denaro del cambio euro/dollaro a tre mesi con il corrispondente tasso spot si evince che l'euro presenta uno sconto pari a 0,0002 dollari: 1,1609 – 1,1611.
Il tasso di cambio (nominale) è da intendersi a tutti gli effetti come il "prezzo" di una valuta in termini di un'altra valuta (una valuta può considerarsi, infatti come un bene, in quanto offre al detentore un "servizio", ovvero la possibilità di acquistare beni o titoli commerciati solo in quella valuta); così come avviene per qualsiasi bene, il prezzo di una valuta (tasso di cambio

nominale) subisce variazioni per effetto di cambiamenti che riguardano la domanda e l'offerta: in parte le banche centrali possono influire sul tasso di cambio "acquistando" o "vendendo" valuta straniera (e corrispondentemente "vendendo" o "acquistando" valuta nazionale), al fine di raggiungere specifici obiettivi di politica economica e monetaria. La componente restante della domanda e dell'offerta è costituita invece dagli altri operatori che "offrono" valuta nazionale e "domandano" in cambio valuta estera (oppure che "offrono" valuta estera e "domandano" in cambio valuta nazionale), per motivi legati a:

* Scambi commerciali, incluso il turismo; il turismo, infatti, comporta un'importazione di beni da parte del turista, o corrispondentemente un'esportazione di beni da parte del paese che riceve il turista.

* Investimenti finanziari, ad esempio, acquisto di buoni del tesoro stranieri.

* Attività speculative sui cambi, operazioni di acquisto e vendita di valute con il solo fine di guadagnarci attraverso un'eventuale variazione dei tassi di cambio nel tempo.

È importante inoltre sottolineare che un tasso di cambio nominale al di sopra della parità non necessariamente comporta un vantaggio nelle importazioni (o negli acquisti effettuati all'estero nell'ambito del turismo); bisogna tenere conto, infatti, del tasso di cambio reale, che considera anche il diverso livello generale dei prezzi nei due paesi considerati.

Esempio

Il cambio nominale euro/dollaro è pari a 1,15, ossia, 1.000 dollari costano 869 euro:

* Supponiamo che l'unico bene esistente nel mondo sia costituito dalle arance (in maniera tale da poter ragionare in termini di prezzo delle arance nei due paesi e non in termini di livello generale dei prezzi).

- Supponiamo anche che in Italia le arance costino 1 euro, mentre negli Stati Uniti 2 dollari (le arance vendute in Italia e quelle vendute negli Usa appartengono a due mercati differenti).
- In Italia io potrei acquistare 869 arance (avendo 869 euro), mentre negli Stati Uniti con 1.000 dollari (ottenuti in cambio dei miei 869 euro) potrei acquistare soltanto 500 arance.
- La conclusione è che, in questo caso specifico, il cambio nominale sembra favorevole a chi vive in Italia, ma il cambio reale (quello che veramente interessa all'agente economico) risulta sfavorevole.

Analogo discorso deve essere fatto con riferimento alle "variazioni" del tasso di cambio intervenute in un intervallo di tempo: un aumento del tasso di cambio nominale (apprezzamento della valuta nazionale) comporta una situazione più favorevole solo se i livelli dei prezzi nei due paesi non subiscono variazioni (nello stesso intervallo temporale di riferimento), oppure se le variazioni dei livelli dei prezzi non sono tali da eliminare l'effetto positivo legato all'aumento del tasso nominale (o quando le variazioni dei prezzi agiscono nello stesso senso della variazione del tasso nominale, oppure quando le variazioni dei prezzi agiscono in senso opposto, ma in maniera tale da non annullare l'effetto della variazione nominale).

Altra considerazione importante è quella relativa ai vantaggi legati al fatto di avere una "moneta forte": non sempre una situazione di questo tipo risulta vantaggiosa per un dato paese, dato che l'apprezzamento della valuta nazionale da un lato rende più convenienti le importazioni dei beni esteri, ma dall'altro lato potrebbe ridurre le esportazioni verso i paesi esteri, per effetto del corrispondente deprezzamento della valuta estera (ovviamente vale il discorso fatto precedentemente: stiamo parlando di apprezzamento e deprezzamento nominali, ipotizzando che non ci siano variazioni relative dei livelli generali dei prezzi).

L'aumento delle importazioni e la diminuzione delle esportazioni portano a una riduzione della componente delle esportazioni nette nella domanda aggregata del paese considerato, ma è anche vero che l'aumento delle importazioni potrebbe avere degli effetti positivi per l'economia stessa (ad esempio, nel caso in cui si tratti di beni d'investimento); il risultato netto quindi è ambiguo, e per questo non sempre si arriva a risultati concordanti circa l'effetto globale sull'economia della variazione del cambio. A riprova del fatto che non sempre il mantenere una moneta forte produca risultati positivi sul sistema economico nazionale, è necessario considerare che spesso alcuni paesi sono riusciti a uscire da fasi stagnanti delle proprie economie proprio attraverso svalutazioni competitive della valuta nazionale.

Ma cosa determina il tasso di cambio?

Per ogni valuta vi è una domanda e un'offerta che determinano, se il mercato è perfettamente libero, vale a dire senza il controllo dell'autorità monetaria, il tasso di cambio:

- La domanda è in funzione inversa del cambio: la quantità domandata diminuisce all'aumentare del cambio; ciò comporta di conseguenza che se la quantità domandata di una valuta straniera è superiore alla quantità offerta, allora il cambio tende a salire.

- L'offerta è in funzione diretta del cambio: la quantità offerta aumenta all'aumentare del cambio; ciò comporta di conseguenza che se la quantità offerta di valuta straniera è superiore alla quantità domandata, allora il cambio tende a scendere.

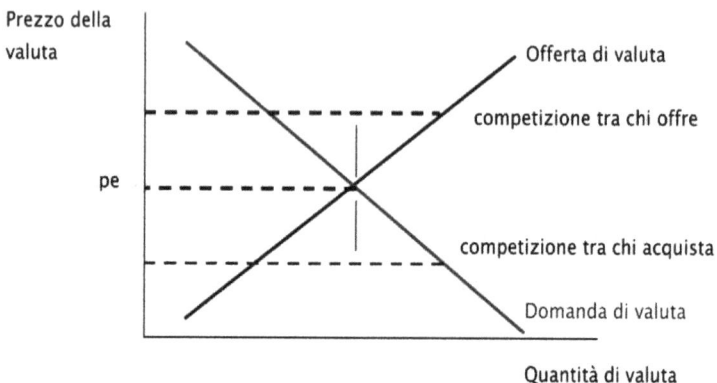

Prezzo della valuta — Offerta di valuta — competizione tra chi offre — pe — competizione tra chi acquista — Domanda di valuta — Quantità di valuta

Al fine di arginare la speculazione sulle valute, le autorità monetarie di un paese intervengono sul mercato valutario in modo che il tasso di cambio della propria valuta sia quanto più possibile vicino al tasso di equilibrio (tra domanda e offerta di valuta estera).

- Se il tasso di cambio aumenta allora le autorità monetarie vendono valuta straniera attingendo dalle riserve, ottenendo come effetto la diminuzione del cambio.

- Se il tasso di cambio diminuisce allora le autorità monetarie acquistano valuta straniera (e questo aumenta le riserve valutarie del paese), ottenendo come effetto un aumento del cambio.

Se, nonostante l'intervento delle autorità monetarie, il tasso di cambio tende a muoversi ripetutamente verso la stessa direzione, ciò significa che lo squilibrio non è più temporaneo ma stabile, pertanto si richiede una revisione del tasso di cambio.

- Se il nuovo livello del tasso di cambio è superiore a quello precedente (si chiede più moneta nazionale in cambio della stessa quantità di moneta estera) allora si ha un deprezzamento della moneta nazionale rispetto a quella estera.

30

- Se il nuovo livello è inferiore a quello precedente (si chiede meno moneta nazionale in cambio della stessa quantità di moneta estera) allora si ha un apprezzamento del tasso di cambio.

L'Arbitraggio

Un arbitraggio è un'operazione che consiste nell'acquistare un bene o un'attività finanziaria su un mercato rivendendolo su un altro mercato, sfruttando le differenze di prezzo al fine di ottenere un profitto. L'operazione è possibile se il guadagno che si ottiene supera i costi per il trasferimento del bene trattato da un mercato all'altro. In pratica si sfruttano le differenze di prezzo realizzando un profitto senza alcun rischio. Nel determinare il profitto devono essere conteggiati i costi di trasferimento del bene da un mercato all'altro. Si parla di assenza di arbitraggio nelle situazioni in cui questo non è possibile.

- L'arbitraggio si differenzia dalla speculazione per il fatto che, mentre il primo è un modo di lucrare sulle differenze di prezzo presenti in luoghi diversi, la seconda opera sulle differenze di prezzo di uno stesso bene in tempi diversi. In altre parole, mentre la speculazione ricerca il lucro giocando sul fattore "tempo" (vendita successiva all'acquisto e viceversa), l'arbitraggio lo ricerca nel fattore "spazio" (acquisto e vendita su due mercati diversi).

L'arbitraggio é un'operazione di valore capitale di rendimento certo attuata da operatori (arbitraggisti) che lucrano dalla differenza di prezzi tra le varie piazze e mercati. Gli arbitraggisti, sono operatori che hanno un portafoglio chiuso. Quando, invece, un'operazione é scoperta é detta speculativa e avverrà a opera degli "speculatori".
Lo "speculatore" é colui che ha un portafoglio aperto, nel senso che il rendimento o il valore capitale delle sue attività o passività varia in relazione alle variazioni dei prezzi sul mercato; nel caso specifico, non chiudere l'operazione implica che il rendimento varia in relazione al tasso di cambio.
Da questa definizione rileviamo innanzitutto che è essenziale distinguere tra "arbitraggio" e "speculazione".

Premio e Sconto

Definiamo F come il tasso forward e S come quello spot (certo per incerto a Roma, prezzo di 1 euro in dollari), la quantità:

Margine a termine (F – S)/S

dove (F– S)/S misura di quanto è maggiore il tasso forward in percentuale rispetto al tasso spot; se la differenza è:

- Positiva, siamo in presenza di un Premio. Se è 0.02 vuol dire che il tasso forward è il 2% maggiore di quello spot; viene premiata la detenzione di euro che domani varranno di più.
- Negativa, siamo in presenza di uno Sconto. Se è –0.05 vuol dire che il tasso forward è il 5% minore di quello spot, ovvero, sconta la detenzione di euro che domani varranno di meno.

Esempio

Assumiamo che:
- La valutazione EUR/USD sia pari a = 1$, ovvero, prezzo di un Euro oggi (a Pronti): USD/EUR = 1€
- Il prezzo di un Euro a termine (Forward a 6 mesi) sia: EUR/USD_FM6 = 0.90$.
- Di conseguenza: USD/EUR_FM6 = 1/0.9 = 1.11€

Il Margine a termine sarà quindi pari a:

(0.9-1)/1 = -0.1

Con uno sconto sulla detenzione di euro, e quindi un premio sui dollari, pari a 0.11.
A questo punto se compro 100 dollari (per 100€) e li vendo a termine, detengo per 6 mesi dollari, alla fine ottengo:

100$* USD/EUR_FM6 = 111€

Con un guadagno (certo) di 11 dollari, 11% (22% su base annua).

Per poter fare un'operazione di arbitraggio (o speculativa), non solo devo avere la possibilità di comprare una determinata merce, ma devo avere anche la possibilità di venderla: ho bisogno quindi di venire in contatto con venditori per comprare, e con compratori, per vendere. Poiché in genere non mi sarà possibile farlo direttamente, specialmente se il mercato è molto vasto, o le distanze tra i mercati sono considerevoli, mi dovrò necessariamente servire di mediatori.

I mediatori commerciali hanno almeno due modalità di operare:

- Si possono limitare a mettere in contatto compratori e venditori, ritraendo una provvigione per il lavoro svolto, provvigione che incasseranno, ovviamente, sia dall'uno che dall'altro.
- Possono fare propria l'operazione, sia quella di acquisto, sia quella di vendita, entrambe o una sola, riconoscendo ai propri clienti il differenziale, al netto delle loro provvigioni. A volte si fanno anche garanti dell'acquirente nei confronti del venditore e viceversa. A volte agiscono in proprio come controparti dirette (contratto con se stessi).

Per poter fare un'operazione di arbitraggio posso avere o non avere la disponibilità del capitale.

- Se ho il capitale a disposizione (o me lo posso procurare, ad esempio ottenendo un finanziamento) posso comprare direttamente la merce.
- Se non ho il capitale a disposizione posso comprare la merce "a credito", riservandomi di pagarla in un secondo momento.

In ogni caso dovrei avere la sicurezza quanto meno di avere una controparte nell'operazione, o un mediatore che mi assicuri una controparte.

Esempio

Ritengo che il prezzo delle patate sulla piazza di Milano sia più basso che sulla piazza di Roma. Di conseguenza:

- Compro oggi un quintale di patate a Milano a 500,00 euro.
- Lo rivendo domani a Roma a 600,00 euro.
- Incassata la somma, al netto delle eventuali provvigioni del mediatore, che poniamo siano 10,00 euro, pagherò 500,00 al mio fornitore di Milano, che mi ha fatto credito, e incasserò il mio guadagno di 90,00 euro.

Questo si chiama Arbitraggio.
Se invece avessi comprato patate a 500, per rivenderle a 600, indipendentemente dalla piazza, avrei fatto una "Speculazione". La differenza tra l'una e l'altra sta nelle modalità di sfruttamento dei differenziali.

Per le valute, il discorso non cambia.
Se ritengo che sulla piazza di Londra il dollaro quota di più che sulla piazza di Milano, compro dollari a Milano per venderli a Londra. Ho "arbitrato" sui cambi.
Se ritengo che comprando oggi il dollaro a x, domani posso rivenderlo guadagnando x+n, faccio "speculazione".
Prescindiamo, in questa sede, da ulteriori considerazioni su quella che potremmo definire, grossolanamente, il problema delle "valute intermedie". Infatti, è possibile, e probabile, che per fare un'operazione di arbitraggio debba munirmi di volta in volta della valuta della piazza su cui intendo operare:

- euro→dollari
- dollari→sterline↔dollari
- dollari↔sterline←dollari
- dollari←euro

Questo complica un po' i calcoli del beneficio ritraibile, o comunque va tenuto presente. Di una cosa bisogna comunque tener conto: alla fine delle transazioni, o di arbitraggio o di speculazione, tutto dovrà essere riportato alla mia valuta di conto. Per comprare dollari devo vendere (impegnare) euro, e il mio guadagno sui dollari, dovrà essere riconvertito in euro. Sul Forex non si possono fare operazioni di arbitraggio, nella piena accezione tecnica di questo termine, si fanno solo operazioni di speculazione. Infatti, ogni operazione è fine a se stessa; si possono trattare più cross contemporaneamente, ma gli effetti non sono relazionati tra di loro. Insomma non compro sterline per vendere i dollari che ho comprato con gli euro, come potrebbe essere nel caso di un arbitraggio su piazze.

- L'arbitraggio é un'operazione di valore capitale di rendimento certo attuata da operatori (arbitraggisti) che lucrano dalla differenza di prezzi tra le varie piazze e mercati.

Se, ad esempio, la benzina costa meno a Roma che a Milano, l'arbitraggista acquisterà benzina a Roma per poi rivenderla a Milano. Ovviamente l'arbitraggista così facendo, aumenta la domanda di benzina a Roma e l'offerta a Milano e spinge così il prezzo a pareggiarsi. Per valute, titoli e rendimenti sui titoli le divergenze sono un fatto sistematico.

Ad esempio, poniamo che la sterlina si fissi liberamente e che il cambio sterlina/euro a Milano sia di 1,3 sterline per 1 euro, mentre a Londra vale 1,33. L'arbitraggista acquista euro a Milano, li vende a Londra e ricava così un profitto dalla differenza di prezzo nei due mercati. Più complicata, ma molto usuale, é un'operazione di arbitraggio multiplo in cui si prende vantaggio dalla divergenza tra il cambio esplicito, diciamo sterlina/euro, e il cambio implicito che risulta dal passaggio in successione sterlina/dollaro e euro/dollaro. Se i due cambi, esplicito e implicito, non sono allineati, vi sarà da lucrare passando da euro/dollaro a dollaro/sterlina per arrivare a sterlina/euro. Ci saranno venditori e compratori, a seconda delle circostanze, che inizieranno l'operazione di arbitraggio con una certa quantità di valuta di un tipo per ottenere, a fine operazione, la valuta dello stesso tipo, ma in un ammontare maggiore. Ricordiamo che l'arbitraggista fa un'operazione certa, non corre alcun rischio di cambio. Parte con euro (ma l'esempio può riguardare qualsiasi altra valuta), compra sterline sulla piazza di

Milano e contemporaneamente, sulla piazza di Londra, ordina la vendita di queste contro euro. Eventualmente, nel caso in cui la valuta sia una valuta terza, a Milano (o Londra) vende euro contro la sua valuta di partenza. Il profitto delle sue operazioni quindi prescinde dall'andamento successivo delle valute. Agendo in questo modo, e nella misura in cui le informazioni siano complete, gli arbitraggisti tengono coerente l'intero sistema delle quotazioni, incluse quelle a termine. Ogni incoerenza in questo sistema crea margini di profitto che vengono immediatamente sfruttati.

- É possibile fare arbitraggio anche sui rendimenti.

Prendiamo, ad esempio, un investitore con portafoglio internazionale, che cerchi di innalzare i suoi rendimenti facendo riferimento non solo al saggio di interesse dei titoli denominati nella valuta nazionale ma a titoli in circolazione per il mondo e voglia tenere il suo portafoglio in valuta nazionale per non correre rischi di cambio. Titoli comparabili, interni ed esteri, per durata (supponiamo a un anno) e solvibilità del debitore possono offrire differenti rendimenti. Partendo con un euro, quello che riceveremo a fine anno da un titolo in valuta nazionale sarà: $(1+i)$ dove "i" é il saggio di interesse di un investimento finanziario a un anno all'interno, espresso quindi in euro. L'investitore si chiederà quanto riceve, invece, investendo in titoli all'estero. Un euro sarà convertito in $1/E$ unità di valuta estera (dove E esprime il tasso di cambio a pronti con quella valuta). Qui per "estero" si intende "esterno all'Unione Monetaria". Se il tasso di rendimento estero, sempre sulla stessa valuta, lo indichiamo con "i*", l'investitore riceverà $(1+i^*)/E$.
Se l'investitore fermasse qui la sua operazione, non potrebbe che scegliere la valuta con il maggior rendimento nominale, ma poi si troverebbe scoperto rispetto al rischio di cambio. Alla scadenza del titolo, ciò che può perdere in valore capitale per effetto di deprezzamento della valuta prescelta, può essere superiore a ciò che ha guadagnato come differenziale di tasso di interesse.

- In realtà, l'arbitraggio é un'operazione che non corre rischi di cambio; affinché la sua operazione sia certa, l'investitore vende oggi sul mercato a termine con scadenza quella dei suoi titoli (l'anno, nell'esempio) per evitare di trovarsi con un portafoglio aperto.

Di conseguenza, venderà la valuta estera al tasso di cambio a termine "F" (forward), e dopo un anno otterrà un rendimento del titolo estero pari a F(1+i*)/E. La scelta di investire da una parte o dall'altra dipende dal segno della disuguaglianza che lega (1+i) e F(1+i*)/E. Se (1+i) > F(1+i*)/E, l'operatore sceglierà di investire all'interno, viceversa se é minore. L'arbitraggio sui rendimenti, è sempre un'operazione certa: se l'euro fra un anno, in t1, risulterà svalutato o si è rivalutato, non é questione che preoccupa l'investitore, il suo rendimento sarà in ogni caso sempre quello che ha già definito contrattualmente oggi, in t0. La disuguaglianza precedente può anche essere riscritta come:

$$F/E \iff (1+i) / (1+i*)$$

É ragionevole dedurre in prima approssimazione che finché esista una discrepanza tra i due termini, gli arbitraggisti (sui rendimenti) operino e che quella condizione di indifferenza sia quella che tende a vigere nei mercati. Ad esempio, supponiamo che F sia oggi superiore a E del 3% su base annua, cioè, un dollaro a pronti valga 1,1 euro e a termine 1,143, il che indica un'attesa di svalutazione dell'euro intorno al 3%; se la differenza (i-i*) tra i saggi d'interesse interno e esterno é anch'essa intorno al 3% su base annua, risulterà indifferente investire in euro all'interno o in dollari all'estero. Se invece (i-i*) é uguale al 2%, Ef/E > (ii*), l'arbitraggista avrà convenienza a investire all'estero; infatti, senza correre rischi, innalzerà il rendimento del suo portafoglio. Finora ci siamo riferiti ad arbitraggisti, ossia a operatori che hanno un portafoglio chiuso. Quando un'operazione é scoperta é detta speculativa e avverrà a opera degli "speculatori".

- Lo "speculatore" é colui che ha un portafoglio aperto, nel senso che il rendimento o il valore capitale delle sue attività o passività varia in relazione alle variazioni dei

38

prezzi sul mercato; nel caso specifico, non chiudere l'operazione implica che il rendimento varia in relazione al tasso di cambio.

Mentre nel linguaggio comune "speculatore", o "speculazione" hanno varie connotazioni e implicano spesso giudizi sul piano morale, in economia "speculatore" e "speculazione" sono termini tecnici: chiunque abbia un portafoglio aperto é uno speculatore. Un esportatore italiano che deve ricevere per contratto una certa somma di dollari fra sei mesi e non si copra a termine o non abbia una pari attività in dollari, é uno speculatore. Egli, infatti, ha un portafoglio aperto in quanto il valore del contratto varierà in relazione al livello che assumerà il dollaro fra sei mesi. Dunque, chiunque non bilanci attività e passività in modo tale da annullare l'effetto delle variazioni future dei prezzi é uno speculatore.

Rispetto ai rendimenti, speculatore é chi basa le sue decisioni sulla relazione: $(1+i^*)$ ‹=› $Ee/E(1+i^*)$, dove $Ee = E + Ee$, e prende posizione in relazione alle proprie aspettative di cambio. Se prevalessero nel mercato aspettative di cambio stabile $Ee = E$ quindi _Ee = 0, basterà un differenziale nominale nei tassi di interesse a determinare flussi di acquisto di titoli con più alto rendimento. Quando vale l'uguaglianza $Ee/E - (i-i^*)$ si dice che vale la parità dei tassi d'interesse scoperta (questa é un'ipotesi che fanno molti modelli di tassi di cambio). La parità dei tassi di interesse coperta, invece, eguaglia la differenza tra i tassi di interesse alla differenza tra il cambio a termine e quello a pronti. La prima é una relazione speculativa, la seconda no.

Quando sul mercato Forex si verifica un disallineamento di prezzo, tra tre coppie di valute si ha la possibilità di effettuare un arbitraggio. L'uscita di importanti dati macro, ad esempio, potrebbe imprimere una forte accelerazione al prezzo di una o due coppie di valute, se questa accelerazione non è seguita in modo proporzionale dalla terza coppia si verifica un disallineamento di prezzo.

Esempio

Si abbiano le seguenti quotazioni:

	USD	GBP	EUR	JPY
USD		0,50443	0,73951	120,10500
GBP	1,98744		1,46603	238,10043
EUR	1,35225	0,68211		162,41160
JPY	0,83260	0,41999	0,61572	

Abbiamo quindi:

EUR/USD =

1,98744 USD/1 GBP x 0,68211 GBP/1 EUR =

1,35565

Come si può osservare il valore EUR/USD da noi ricavato è pari a 1.35565 e non coincide con quello di mercato pari a 1.35225; si è appunto verificato un disallineamento è un'opportunità per fare arbitraggio.

Partiamo con un capitale di USD 1.000.000:

Acquisto Euro con USD:

1.000.000 USD / 1.35225 = 739.508,23 EUR

Acquisto GBP con EUR:

739,508.23 EUR x 0.68211 GBP/EUR = 504.425,96 GBP

Acquisto USD con GBP:

504,425.96 GBP x 1.98744 USD/GBP = 1.002.516,33 USD

Profitto dell'operazione di arbitraggio:

1.002.516,33 USD - 1.000.000 USD = 2.516,33 USD

Questa operazione è più teorica che pratica; attualmente, infatti:

- Le possibilità per perfezionare degli arbitraggi sono limitate e durano solo pochi secondi.

- Gli spreads fissati dai broker annullerebbero il guadagno realizzato.

- I broker non tollerano in genere questo tipo di attività.

Tuttavia utilizzando piattaforme differenti (più broker) e metodologie di trading automatico si potrebbe ancora riuscire a trarre profitto da queste situazioni.

Esempio

Supponiamo che un trader abbia degli account con 3 diversi Forex broker, uno a New York, uno a Tokyo e uno a Londra. Dal momento che i prezzi sono determinati da attori locali, ci sono talvolta delle opportunità di arbitraggio tra paesi diversi. Mettiamo che i tassi siano i seguenti:

- **GBP/USD** = 1.6388 - 1.6393 su New York

- **EUR/USD** = 1.1832 - 1.1837 su Tokyo

- **EUR/GBP** = 0.7231 - 0.7236 su Londra

41

In tale situazione esiste un'opportunità di arbitraggio con possibile profitto di 131 $ su un lotto standard senza rischio. Infatti:

- Compriamo 100.000 EUR a $118,.70 a Tokyo.
- Li rivendiamo su Londra per 72.310 GBP.
- Rivendiamo i pounds su NY e otteniamo $118.501.

Quindi avremmo totalizzato:

$118.501 - $118.370 = $131 senza rischio

I Contratti a Pronti

I contratti a pronti sono quelli che si realizzano acquistando o vendendo divise estere contro unità di conto nazionale, con l'immediata consegna delle prime.

Il rapporto che si stabilisce fra queste quotazioni è relativo alla disponibilità della valuta estera che sarà, rispettivamente:

- **Spot** - regolamento valuta il secondo giorno successivo non festivo.
- **Tom Next** - regolamento valuta primo giorno lavorativo successivo.
- **Overnight** - regolamento valuta oggi.

Queste transazioni rappresentano uno "scambio diretto" tra due valute, hanno la durata più breve e riguardano denaro liquido più che un contratto; gli interessi non sono inclusi nella transazione concordata.

Tra i principali rischi, vanno tenuti presenti:

- L'oscillazione dei cambi, in quanto trattasi di operazione regolata ai cambi applicativi del momento di negoziazione.
- Rischio Paese, e cioè l'impossibilità di concludere l'intermediazione in valuta estera a causa di situazioni politiche, calamità naturali, etc. che interessano il Paese di riferimento.

Generalmente le negoziazioni spot sono effettuate "in durante", al cambio del momento quotato dalla banca e accettato dal cliente; è all'occorrenza possibile concludere operazioni al "cambio operativo unico", vale a dire al valore di listino determinato dalla banca quotidianamente per le principali divise e utilizzabile previa prenotazione della divisa da parte del cliente nei tempi stabiliti, tanto in acquisto come in vendita.
Per importi non inferiori al controvalore di 200.000 Euro il cliente può affidare alla banca ordini a revoca, oppure con validità overnight (vale a dire sino alla mattina del giorno

lavorativo bancario successivo), di tipo profit-taking (migliorativi rispetto alle condizioni correnti di mercato) oppure stop-loss (di limitazione di una condizione peggiorativa rispetto all'attualità). All'esecuzione di tali ordini sarà possibile il perfezionamento delle negoziazioni a pronti.

Divergenza tra tasso di acquisto e tasso di vendita:

- **Tasso denaro** (*bid rate*) - tasso di acquisto dal pubblico.

- **Tasso lettera** (*ask rate*) - tasso di vendita al pubblico.

- **Spread denaro-lettera** - profitti unitari degli intermediari e/o costi di transazione.

I Contratti a Termine

I contratti a termine sono quelli nei quali l'acquisto o la vendita della valuta si effettuano con consegna differita, a un cambio prefissato, oltre 7 giorni dalla data dell'operazione. Le operazioni a termine possono essere utilizzate per "scommettere" sui movimenti di cambi e quindi per coprire futuri esborsi di denaro:

- Si acquista a termine una valuta nell'ipotesi che questa si apprezzi, e la si vende alla stessa scadenza una volta che il movimento al rialzo è avvenuto.
- Si vende a termine una valuta nell'ipotesi che questa si deprezzi, e la si acquista alla stessa scadenza una volta che il movimento al ribasso è avvenuto.

L'operazione a termine può essere effettuata senza avere il valore nominale di valuta sottostante, cioè allo scoperto, anche se si deve mettere a garanzia un certo margine per coprire le eventuali perdite. Il cambio a termine è semplicemente un'operazione matematica in quanto attualizza il corso futuro: non è, quindi, una previsione di mercato.
Il Cambio a Termine è composto dal Cambio spot + punti forward (premio o sconto):

- Il cambio spot dipende dal momento in cui si chiude l'operazione.
- I punti forward dipendono dal differenziale dei tassi di interesse delle due divise su quella scadenza (ad esempio 1 anno).
- Il cambio a termine non è altro quindi che il montante del cambio a pronti, calcolato secondo i tassi di interesse, e rappresenta quindi il cambio a pronti più (algebricamente) il "costo del tempo".

Questa è la teoria della parità coperta dei tassi di interesse enunciata da Keynes, secondo la quale il montante di un investimento a breve espresso in una divisa deve essere uguale al montante di un investimento dello stesso controvalore, per la stessa scadenza, denominato in un'altra divisa, secondo i rispettivi tassi di interesse. La teoria di Keynes è stata definita "statica" in quanto tiene in considerazione la sola relazione tra tassi e tempo, ma non spiega eventuali disallineamenti effettivi tra i differenziali dei tassi di interesse e i prezzi a termine quotati. Nella realtà operativa più dinamica, i prezzi a termine possono "anticipare" i movimenti sui tassi di interesse.

Gli operatori che sono interessati ad aprire operazioni a termine in acquisto/vendita su una certa valuta sono:

- Operatori commerciali: importatori ed esportatori.
- Operatori finanziari desiderosi di proteggere i loro investimenti dal rischio di cambio o di "cristallizzare" gli utili su cambi accumulati.
- Traders che vogliono speculare sui movimenti valutari.
- Arbitraggisti che sfruttano i temporanei disallineamenti nei prezzi dei mercati a termine.

Esempio

Un imprenditore deve incassare una somma di 1 milione di USD tra 6 mesi a fronte di un'esportazione.

- Il tasso di cambio EUR/USD attuale è pari a 1,16, quindi vendendo 1 milione di USD oggi otterrei 862.069 EUR.
- L'operatore può attendere la scadenza e vendere 1 milione di USD al tasso di cambio EUR/USD che troverà fra 6 mesi, esponendosi al rischio che tale tasso sia superiore allo spot (l'esportatore perde in quanto l'euro si rafforza) o inferiore allo spot (l'imprenditore guadagna in quanto il dollaro si rafforza).
- Se l'esportatore non vuole supportare tale rischio, può fissare il tasso EUR/USD a 6 mesi e quindi vendere 1 milione di USD a termine. In questo modo l'operatore conosce oggi con certezza il tasso di cambio al quale venderà 1 milione di USD tra 6 mesi, eliminando il rischio di cambio.

Considerata quindi una scadenza a 6 mesi e un differenziale tassi tra Euro e Dollaro positivo, il cambio a termine verrà determinato dallo spot (1,16) + il premio (15 pips) = 1,1615. A questo livello di cambio l'esportatore consegnerà i propri Dollari cambiandoli in Euro ed eliminando ogni tipo di aleatorietà legata alle evoluzioni future dei cambi.

Esempio

- Acquisto oggi dollari USA al cambio a pronti 1,07 e vendo 1.000 euro.
- Do in prestito la divisa estera per 360 giorni al tasso attivo + 1,5%.
- Sui 1.000 euro pagherò interessi passivi pari al 2,75% e cioè 27,5 euro.
- Compro $ a pronti al cambio di 1,07 quindi $ 1.070 per 1.000 euro.
- Investo i dollari per un anno e incasserò 16,05.
- Tra un anno, avrò $ 1.070 + $ 16,05 contro il pagamento di Euro 1.000 + Euro 27,5.
- Il cambio a termine sarà : 1086,05 / 1027,5 = 1,0570.
- Quindi i punti forward da sottrarre allo spot sono: 1,070-1,0570 = 0,0130.

Per la vendita a termine, il discorso è analogo: cambiano solo i tassi denaro e lettera su euro e dollaro. In generale tanto più i tassi divergono, tanto maggiore è la differenza tra cambio a pronti e cambio a termine.
I contratti a termine si dividono in:

- Contratti Forward: gli scambi non sono necessariamente regolati nell'immediato, ma possono anche essere regolati a termine. Infatti, un modo per far fronte al rischio di cambio è l'utilizzo di un contratto forward. In tale transazione, il denaro non passa di mano fino a una data futura prestabilita. Un compratore e un venditore si accordano su di un tasso di cambio in una data futura, e la transazione si verifica in quella data al tasso di

47

cambio stabilito, indipendentemente dai tassi di cambio di mercato effettivi. La durata di un tale contratto può essere di giorni, mesi o anche anni.

- Contratti Swap: la tipologia più comune di transazione forward è lo swap su valute. In uno swap, due parti si scambiano valute per un certo periodo di tempo e si accordano a invertire la transazione in una data futura. In altre parole, si tratta di una vendita a pronti combinata con un riacquisto a termine della stessa moneta (si parla in questo caso di Forex swap; più complicato è il Currency swap, che include anche un interest rate swap). Gli swap non sono contratti standard e non vengono scambiati in un mercato, ma rappresentano ormai oltre la meta degli scambi sul Forex .

- Contratti Future: i future sulle valute estere sono transazioni forward caratterizzate da importi e scadenze standard. Con un contratto future le parti si impegnano a scambiare a una data prestabilita determinate attività oppure, nel caso di un future su valute, a versare o a riscuotere un importo determinato in base all'andamento di un indicatore di riferimento. Diversamente dai contratti forward, i contratti future sono standardizzati e sono solitamente scambiati in un mercato creato ad hoc. La durata media del contratto e di circa 3 mesi. I contratti future solitamente comprendono qualsiasi ammontare di interessi. Diversamente dai contratti a termine, per i quali non è possibile non completare la transazione a scadenza, il contratto future si può rivendere sul mercato, realizzando guadagni o perdite (la vendita può essere vantaggiosa se si pensa che il tasso a pronti futuro cambierà).

Ma come viene fissato il cambio a termine?
Con il contratto a termine viene determinato un cambio (cambio a termine) per l'acquisto o la vendita di valuta estera a una scadenza prestabilita. Il contratto a termine prevede la consegna,

alla scadenza, della divisa del contratto con il relativo addebito/accredito del controvalore al cambio prestabilito. Il cambio alla scadenza (cambio a termine) viene calcolato sulla base del cambio a pronti vigente al momento della stipula del contratto, aumentato o diminuito di un margine ("premio" o "sconto", secondo le condizioni del mercato) che deriva dal differenziale dei tassi tra le due divise oggetto della negoziazione. I destinatari di questo genere di operazione sono essenzialmente le imprese importatrici ed esportatrici. L'impresa che opera con l'estero viene a trovarsi esposta alla fluttuazione dei corsi del cambio, per le posizioni di debito e di credito denominate in valuta estera, e pertanto, pone tra i suoi principali obiettivi quello di annullare o minimizzare il rischio collegato alle predette fluttuazioni; il cliente ha la possibilità di estinguere anticipatamente (parzialmente o totalmente) il contratto a termine. Il cliente importatore non ottiene benefici nel caso di aumento del cambio (viceversa per l'esportatore). Supponiamo che il dollaro venga trattato a pronti a 1,16 euro e che si voglia comprarlo con consegna (valuta) tra un anno: in questo caso il cambio a termine sarà uguale a 1,16 euro solo in un caso particolare, cioè se sono uguali i tassi di interesse sui depositi interbancari a un anno in euro e in dollari. Supponiamo per esempio che il deposito a un anno in dollari renda di più di quello a un anno in euro.

- In questo caso tutti gli investitori vorrebbero investire per quel periodo di tempo in dollari invece che in euro; però per evitare di vedersi annullare il profitto da una caduta del dollaro cercherebbero di vendere il dollaro a termine con consegna tra un anno, in modo da fissare il cambio al quale potranno ricomprarsi gli euro. Gli investitori continueranno a farlo sin tanto che il guadagno dato dal tasso più alto non sia compensato da una perdita subita nella vendita a termine del dollaro e quindi il mercato sarà in equilibrio solo quando il cambio a termine del dollaro sarà inferiore a quello a pronti.

Se, ad esempio, il tasso del deposito in dollari è pari al 5% e quello in euro è uguale al 4% il cambio a termine deve essere inferiore a quello a pronti di un punto percentuale; quindi 1,16 - 0,0116 = 1,1484 euro.

In questo modo investendo in dollari invece che in euro, l'investitore guadagna un punto percentuale in più che però perde dal lato del cambio, avendo comprato dollari a 1,16 euro e avendoli venduti a 1,1484 euro.

Calcolo del tasso forward

Il tasso di cambio forward viene calcolato nel modo seguente:

tasso spot +/− premio/sconto = tasso forward

Gli sconti o premi forward vengono calcolati nel modo seguente:

**tasso spot x differenziale di interesse x giorni fino alla scadenza
/
360 x 100 + (tasso di interesse nella valuta estera x giorni fino alla scadenza)**

La durata massima del forward, nella maggior parte delle coppie di valute, è 12 mesi, mentre nelle valute principali è possibile concludere una negoziazione forward che scade in 5 anni. I periodi di scadenza più utilizzati sono 1, 3 e 6 mesi ma vengono utilizzati anche altri periodi.

Una negoziazione forward non può essere terminata. Tuttavia, è possibile concludere una transazione opposta, vendita o acquisto della valuta sottostante, rispettivamente, con la stessa data di scadenza. Il risultato netto dalle due negoziazioni può essere profitto e perdita.

Esempio

Una società esporta beni verso gli Stati Uniti e si aspetta di ricevere il pagamento dal suo partner estero dell'ammontare di 100.000 USD tra sei mesi; per evitare il rischio valutario, la società conclude una negoziazione forward con una società di brokeraggio, che coinvolge la vendita dello stesso importo di USD con una data di valuta (Lev bulgaro BGN) corrispondente alla data alla quale si aspetta che il trasferimento di denaro debba avvenire.

- Il tasso spot per USD/BGN è 2,2092.
- Il tasso di interesse annuale sui depositi in USD di 6 mesi è del 2%.
- Il tasso di interesse annuale sui depositi in BGN di 6 mesi è del 4.50%.
- Il periodo di scadenza è 180 giorni.

Per calcolare il tasso di cambio forward, dobbiamo anzitutto trovare lo sconto/premio forward (la differenza tra i tassi spot e forward).
Come abbiamo visto la formula da utilizzare è la seguente:

tasso spot x differenziale di interesse x giorni fino alla scadenza

/

360 x 100 + (tasso di interesse nel paese estero x giorni fino alla scadenza)

ovvero:

2,2092 x (2,5) x 180 / 360 x 100 + (2 x180) =

994,14 / 36360 = 0,0273 Premio (BGN)

Il tasso di cambio forward, quindi, equivale alla somma del tasso spot più il premio:

Forward rate =

2.2092 + 0.0273 = 2.2365 BGN per 1 USD

In sei mesi la società farà un trasferimento a un tasso di cambio di 2,2365 BGN per 1 USD, cioè la società riceverà 223.650 BGN per i suoi 100.000 USD; in tal caso la società risparmierà 0,0273 BGN per ogni USD. Quindi, la società non si interesserà più al tasso di cambio spot al momento del pagamento, perché essa si è già assicurata contro i rischi valutari tramite la negoziazione forward.

Esempio

Una società deve al suo partner estero la somma di 100.000 USD per beni importati. In modo di evitare i rischi di cambio, la società decide di eseguire una negoziazione forward con la sua banca, la quale le permette di comprare lo stesso ammontare di USD a una data di valuta corrispondente alla data alla quale ci si aspetta l'effettuazione del pagamento.
Prendiamo in considerazione gli stessi fatti di cui sopra.
- Il tasso spot per USD/BGN è 2,2100.
- Il tasso di interesse annuale sui depositi in USD di 6 mesi è di 1.75%.
- Il tasso di interesse annuale sui depositi in BGN di 6 mesi è di 5%.
- Il periodo di scadenza è 90 giorni.

In questo caso lo sconto/premio forward viene calcolato come segue:

2,2100 x (3,25) x 90 / 360 x 100 + (1,75 x 90) =

646,425 / 36157,5 = 0,0179 Premio (BGN)

In questo caso il tasso di cambio forward equivale alla somma del tasso spot e del premio forward:

Forward rate =

2,2100 + 0,0179 = 2,2279 BGN per 1 USD

Alla data di valuta, cioè fra 90 giorni, la società comprerà l'ammontare di USD predeterminato al tasso di cambio di 2,2279 BGN per 1 USD, quindi ricevendo 222.790 BGN per l'ammontare di 100.000 USD. In tale scenario il costo di hedging per la società è di 0,0179 BGN per 1 USD.

In conclusione possiamo affermare che:
- Gli esportatori che vendono forward valute estere, guadagnano dal premio forward. Questo profitto rappresenta il rendimento che risulta dal differenziale di interesse tra le due valute ed è commensurabile con l'intervallo di tempo utilizzato per hedging. Quello che importa per gli esportatori non è guadagnare dal differenziale di interesse ma evitare una perdita potenziale da una diminuzione del tasso di cambio.
- Gli importatori che comprano forward valute estere, perdono il premio forward che rappresenta i costi per hedging contro i rischi valutari. Il premio dipende dal differenziale di interesse tra le due valute ed è commensurabile con l'intervallo di tempo utilizzato per hedging. Quello che importa per gli importatori è proteggersi contro movimenti avversi del tasso di cambio.

Esempio di contratto a termine import

Prendiamo il caso di un importatore che dovrà effettuare fra 3 mesi un bonifico in dollari pari a 1.000.000 $
Attraverso un contratto a termine import può fissare il cambio in data odierna.
- Cambio spot: 1,3351
- Importo: 1.000.000 $
- Scadenza: 7 marzo

- Premio/Sconto: + 0,0002 (calcolato in base al differenziale tra il tasso sulla valuta USD e il tasso Euro per i giorni di durata del contratto)
- Cambio a termine: 1,3353

In questo caso l'importatore si copre da eventuali fluttuazioni del tasso di cambio.

Esempio di contratto a termine export

Prendiamo il caso di un esportatore che riceverà un pagamento in dollari fra 3 mesi a 1.000.000 $
Attraverso un contratto a termine export può fissare il cambio in data odierna.

- Cambio spot: 1,3368
- Importo: 1.000.000 $
- Scadenza: 7 marzo
- Premio/Sconto: + 0,0014 (calcolato in base al differenziale tra il tasso sulla valuta USD e il tasso Euro per i giorni di durata del contratto)
- Cambio a termine: 1,3382

In questo caso l'esportatore si copre da eventuali fluttuazioni del tasso di cambio.

Le Opzioni su valuta estera

Un'opzione su valuta estera conferisce al proprietario il diritto di acquistare o vendere un determinato ammontare di valuta estera a un certo prezzo in un qualsiasi momento fino a una data di scadenza prefissata. La controparte, il venditore dell'opzione, è obbligato a vendere o acquistare la valuta a discrezione del possessore dell'opzione, il quale non è obbligato a esercitare il suo diritto. L'utilizzo di questo strumento limita il rischio dei compratori al premio pagato (perduto alla scadenza se non è conveniente esercitare l'opzione), mentre espone il venditore a rischi teoricamente illimitati. Immaginiamo di essere incerti sulla data di un pagamento in valuta estera da ricevere il prossimo mese.

- Per evitare il rischio di una perdita, possiamo acquistare un'opzione put, che da diritto di vendere la valuta a un tasso di cambio prefissato in un qualsiasi giorno di un certo mese.
- Se invece ci aspettiamo di dover effettuare un pagamento in valuta sempre nello stesso mese può essere conveniente acquistare un'opzione call, la quale da diritto ad acquistare valuta estera a un prezzo dato.

Analizziamo di seguito varie ipotesi di opzioni su valuta.

Acquisto opzione call su valuta

Tale opzione conferisce all'acquirente, previo pagamento di un premio, il diritto, ma non l'obbligo, di acquistare una quantità prefissata di valuta, contro una divisa di scambio, a un rapporto di cambio fissato (strike price), a una scadenza stabilita.

- Divisa sottostante: è la valuta estera per la quale è stata contratta l'opzione e che, alla scadenza, può essere comprata.
- Importo di riferimento: rappresenta la base sulla quale calcolare l'ammontare di valuta oggetto dell'eventuale scambio.
- Divisa di scambio: è la divisa che viene ceduta per l'acquisto della valuta estera (solitamente si tratta di euro).
- Prezzo di esercizio "strike price": è il tasso di cambio, fissato al momento della conclusione del contratto, al quale l'opzione è esercitabile e al quale la valuta estera viene comprata.
- Premio dell'opzione: Rappresenta il costo dell'opzione.
- Scadenza: per questa è necessario distinguere tra EXPIRY (giorno in cui l'opzione deve essere esercitata) e DELIVERY (giorno dell'effettivo scambio delle divise oggetto del contratto (solitamente 2 giorni lavorativi seguenti l'expiry).

Tipo di opzione:
- Stile americano: conferisce all'acquirente il diritto di esercizio in qualunque momento entro il giorno di scadenza.
- Stile europeo: si tratta di un'opzione esercitabile solo il giorno della scadenza.

Opzione adatta per un cliente importatore che si aspetta di dover far fronte a un'uscita di divisa in un determinato momento futuro e vuole proteggersi da movimenti avversi del cambio. Si

tratta di una copertura flessibile, in quanto a scadenza il cliente eserciterà solo se ne avrà convenienza.
La perdita massima è rappresentata dal costo del premio.
Il cliente non ottiene benefici nel caso di movimenti rialzisti del cambio: in tal caso risulterebbe, infatti, conveniente alla scadenza acquistare la valuta sul mercato non esercitando l'opzione.

Esempio numerico di copertura IMPORT

Ipotesi:
- Cambio a termine a tre mesi EUR/USD 1,3350
- Il cliente acquista PUT Eur CALL Usd 1,3350
- Nominale 1.000.000 €
- 3 mesi con pagamento premio Euro 10.000
- Il costo della struttura è pari a 10.000 €

L'importatore si assicura di comprare valuta a un prezzo massimo pari allo strike, cioè 1.3350 più il premio pagato.
A scadenza si può verificare:
- Il cambio è > 1,3350: il cliente ha convenienza ad acquistare valuta sul mercato.
- Il cambio è = 1,3350: per il cliente risulta indifferente esercitare o meno l'opzione.
- Il cambio è < 1,3350: il cliente ha convenienza a esercitare l'opzione.

Vendita opzione call su valuta

Tale opzione comporta per il venditore, previa riscossione di un premio, nel caso in cui l'acquirente eserciti il proprio diritto di acquisto, un obbligo a vendere una quantità prefissata di valuta, contro una divisa di scambio, a un rapporto di cambio fissato (strike price), a una scadenza stabilita.

- Divisa sottostante: è la valuta estera per la quale è stata contratta l'opzione.
- Importo di riferimento: rappresenta la base sulla quale calcolare l'ammontare di valuta oggetto dell'eventuale scambio.
- Divisa di scambio: è la divisa che viene ricevuta per l'eventuale vendita della valuta estera (solitamente si tratta di euro).
- Prezzo di esercizio "strike price": è il tasso di cambio, fissato al momento della conclusione del contratto, al quale l'opzione è esercitabile e al quale la valuta estera viene venduta in caso di esercizio dell'opzione da parte della controparte.
- Premio dell'opzione: Rappresenta il ricavo per il venditore dell'opzione.
- Scadenza: per questa è necessario distinguere tra EXPIRY (giorno in cui l'opzione deve essere esercitata) e DELIVERY (giorno dell'effettivo scambio delle divise oggetto del contratto (solitamente 2giorni lavorativi seguenti l'expiry).

Tipo di opzione: anche qui possibilità di stile americano o stile europeo.
Opzione consigliabile a un cliente che ritiene che il cambio si mantenga al di sopra dello strike price.
Il cliente fissa un introito massimo, rappresentato dall'incasso del premio, dando luogo per contro a una possibile perdita futura infinita.

Esempio numerico di vendita PUT EUR/CALL USD

Ipotesi:
- Cambio a termine a tre mesi EUR/USD 1,3350
- Il cliente vende PUT Eur / CALL Usd 1,3350
- Nominale 1.000.000 €
- 3 mesi con pagamento premio Euro 10.000
- Il cliente incassa 10.000 €

A scadenza si può verificare:
- Il cambio è > 1,3350: il compratore dell'opzione non esercita il proprio diritto e il venditore ottiene il massimo profitto (dato dal premio).
- Il cambio è = 1,3350: per il compratore risulta indifferente esercitare o meno l'opzione.
- Il cambio è < 1,3350: il compratore ha convenienza a esercitare l'opzione e il profitto del venditore si riduce proporzionalmente alla diminuzione del cambio.

Acquisto opzione put su valuta

Tale opzione conferisce all'acquirente, previo pagamento di un premio, il diritto, ma non l'obbligo, di vendere una quantità prefissata di valuta, contro una divisa di scambio, a un rapporto di cambio fissato (strike price), a una scadenza stabilita.

- Divisa sottostante: è la valuta estera per la quale è stata contratta l'opzione e che, alla scadenza, può essere venduta.

- Divisa di scambio: è la divisa che viene ricevuta per la vendita della valuta estera (solitamente si tratta di euro).

- Importo di riferimento: rappresenta la base sulla quale calcolare l'ammontare di valuta oggetto dell'eventuale scambio.

- Prezzo di esercizio "strike price": è il tasso di cambio, fissato al momento della conclusione del contratto, al quale l'opzione è esercitabile al quale la valuta estera viene venduta.

- Premio dell'opzione: Rappresenta il costo dell'opzione.

- Scadenza: per questa è necessario distinguere tra EXPIRY, giorno in cui l'opzione deve essere esercitata, e DELIVERY, giorno dell'effettivo scambio delle divise oggetto del contratto (solitamente 2giorni lavorativi seguenti l'expiry).

Tipo di opzione:

- Stile americano: conferisce all'acquirente il diritto di esercizio in qualunque momento entro il giorno di scadenza.

- Stile europeo: si tratta di un'opzione esercitabile solo il giorno della scadenza.

Opzione adatta per un cliente esportatore che si aspetta di dover far fronte a un'entrata di divisa in determinato momento futuro e vuole proteggersi da movimenti avversi del cambio.

Si tratta di una copertura flessibile, in quanto a scadenza il cliente eserciterà solo se ne avrà convenienza. La perdita massima è rappresentata dal costo del premio. Il cliente non ottiene benefici nel caso di movimenti al ribasso del cambio: in tal caso risulterebbe, infatti, conveniente alla scadenza vendere la valuta sul mercato non esercitando l'opzione.

Esempio numerico di copertura EXPORT

Ipotesi:
- Cambio a termine a tre mesi EUR/USD 1,3350
- Il cliente acquista CALL Eur /PUT USD 1,3350
- Nominale 1.000.000 €
- 3 mesi con pagamento premio Euro 10.000
- Il costo della struttura è pari a 10.000 €

L'esportatore si assicura di comprare valuta a un prezzo massimo pari allo strike, cioè 1.3350 più il premio pagato.
A scadenza si può verificare:
- Il cambio è > 1,3350: il cliente ha convenienza a esercitare l'opzione.
- Il cambio è = 1,3350: per il cliente risulta indifferente esercitare o meno l'opzione.
- Il cambio è < 1,3350: il cliente ha convenienza a vendere valuta sul mercato.

Vendita opzione put su valuta

Tale opzione comporta per il venditore, previa riscossione di un premio, nel caso in cui l'acquirente eserciti il proprio diritto di vendita, un obbligo a comprare una quantità prefissata di valuta, contro una divisa di scambio, a un rapporto di cambio fissato (strike price), a una scadenza stabilita.

- Divisa sottostante: è la valuta estera per la quale è stata contratta l'opzione.
- Importo di riferimento: rappresenta la base sulla quale calcolare l'ammontare di valuta oggetto dell'eventuale scambio.
- Divisa di scambio: è la divisa che viene ceduta per l'eventuale acquisto della valuta estera (solitamente si tratta di euro).
- Prezzo di esercizio "strike price": è il tasso di cambio, fissato al momento della conclusione del contratto, al quale l'opzione è esercitabile e al quale la valuta estera viene comprata in caso di esercizio dell'opzione da parte della controparte.
- Premio dell'opzione: rappresenta il ricavo per il venditore dell'opzione.
- Scadenza: per questa è necessario distinguere tra EXPIRY, giorno in cui l'opzione deve essere esercitata, e DELIVERY, giorno dell'effettivo scambio delle divise oggetto del contratto (solitamente 2giorni lavorativi seguenti l'expiry).

Tipo di opzione: anche qui possibilità di stile americano o stile europeo.
Opzione consigliabile a un cliente che ritiene che il cambio abbia un'evoluzione al ribasso al di sotto dello strike price.
Il cliente fissa un introito massimo, rappresentato dall'incasso del premio, dando luogo per contro a una possibile perdita futura infinita.

Esempio numerico di vendita CALL EUR/PUT USD

Ipotesi:
- Cambio a termine a tre mesi EUR/USD 1,3350
- Il cliente vende CALL Eur PUT Usd 1,3350
- Nominale 1.000.000 €
- 3 mesi con pagamento premio Euro 10.000
- Il cliente incassa 10.000 €

A scadenza si può verificare:
- Il cambio è > 1,3350: il compratore dell'opzione esercita il proprio diritto e il profitto del venditore si riduce proporzionalmente all'aumento del cambio.
- Il cambio è = 1,3350: per il compratore risulta indifferente esercitare o meno l'opzione.
- Il cambio è < 1,3350: il compratore non ha convenienza a esercitare l'opzione e il venditore ottiene il massimo profitto.

Opzione con Knock In (Barriera Attivante)

Si tratta di un'opzione la cui esistenza è subordinata al raggiungimento di un determinato livello di barriera (Knock In).

- Se la barriera è raggiunta, l'opzione si trasforma in una normale opzione Plain Vanilla.
- Al contrario, nel caso in cui la barriera non sia raggiunta, l'opzione non attribuisce alcun diritto.

Barriera: si fa distinzione tra Barriera americana e Barriera europea.

- Barriera americana: la clausola di attivazione viene verificata continuativamente dal momento della sottoscrizione dell'opzione fino alla scadenza.
- Barriera europea: l'attivazione viene verificata solo al momento della scadenza.

Eventualmente la barriera può avere un periodo di validità diverso rispetto alla durata dell'opzione. Ad esempio, opzione con scadenza tre mesi e Knock In valido solo per i primi due mesi: l'opzione entra in essere solo se la barriera è raggiunta entro i primi due mesi.
La verifica del raggiungimento della barriera può essere:

- Continua, ovvero 24 ore su 24.
- Discreta, limitata a valori specifici di cambio a pronti, ad esempio il fixing della Banca Centrale Europea.

Per l'acquirente la perdita massima è rappresentata dal costo del premio. Per l'acquirente dell'opzione con Knock In il premio pagato risulta inferiore rispetto a quello pagato per l'acquisto di un'opzione Plain Vanilla con le medesime caratteristiche. Il venditore di un'opzione con Knock In incassa un premio inferiore rispetto a quello ottenuto con la vendita di un'opzione Plain Vanilla con le medesime caratteristiche; nello stesso tempo però il rischio di esercizio è allontanato e subordinato all'eventuale raggiungimento del livello di Knock In. Il cliente acquirente dell'opzione non ottiene benefici nel caso di movimenti avversi del tasso di cambio.

Il premio relativo a un'opzione con Knock In è inferiore rispetto a quello relativo a un'opzione plain vanilla con le medesime caratteristiche; questo proprio perché con l'aggiunta del Knock In viene limitata la possibilità di esercizio dell'opzione.

Esempio numerico di acquisto PUT EUR/CALL USD

Ipotesi:
- Cambio a termine a tre mesi EUR/USD 1,3350
- Il cliente acquista PUT EUR CALL USD 1,3350 Knock In 1,3450 di tipo americano.
- Nominale 1.000.000 Eur scadenza a 3 mesi
- Il premio pagato è pari a 8.000 €

Se, durante la vita dell'opzione, il cambio EUR/USD non tocca mai la barriera (1,3450), l'opzione non attribuisce alcun diritto, indipendentemente dal cambio spot del giorno di scadenza e il cliente avrà in totale sostenuto il costo del premio pari a 8.000 dollari.
Se, al contrario, la barriera è toccata, l'opzione diviene una normale Plain Vanilla PUT EUR/CALL USD con strike 1,3350.

65

Esempio numerico di acquisto CALL EUR/PUT USD

Ipotesi:
- Cambio a termine a tre mesi EUR/USD 1,3350
- Il cliente acquista CALL Eur PUT Usd 1,3350 KI 1,3450 di tipo americano.
- Nominale 1.000.000 Eur scadenza a 3 mesi
- Il premio pagato è pari a 8.000 €

Se, durante la vita dell'opzione, il cambio EUR/USD non tocca mai la barriera (1,3450), l'opzione non attribuisce alcun diritto, indipendentemente dal cambio spot del giorno di scadenza e il cliente avrà in totale sostenuto il costo del premio pari a 8.000 dollari.

Se, al contrario, la barriera è toccata, l'opzione diviene una normale Plain Vanilla CALL EUR/PUT USD con strike 1,3350.

Opzione con Knock Out (Barriera Disattivante)

Si tratta di un'opzione che si estingue al raggiungimento di un determinato livello di barriera (Knock-out).
- Se la barriera è raggiunta, l'opzione cessa di esistere.
- Nel caso in cui la barriera non sia raggiunta, l'opzione si comporta come una normale opzione Plain Vanilla.

Barriera: si fa distinzione tra Barriera americana e Barriera europea.
- Barriera americana: la clausola di disattivazione viene verificata continuativamente dal momento della sottoscrizione dell'opzione fino alla scadenza.
- Barriera europea: la disattivazione viene verificata solo al momento della scadenza.

Eventualmente la barriera può avere un periodo di validità diverso rispetto alla durata dell'opzione. Ad esempio, opzione con scadenza tre mesi e Knock Out valido solo per i primi due mesi: l'opzione entra in essere solo se la barriera è raggiunta entro i primi due mesi.
La verifica del raggiungimento della barriera può essere:
- Continua, ovvero 24 ore su 24.
- Discreta, limitata a valori specifici di cambio a pronti, ad esempio il fixing della Banca Centrale Europea.

Per l'acquirente dell'opzione la perdita massima è rappresentata dal costo del premio.
Per l'acquirente dell'opzione con Knock Out il premio pagato risulta inferiore rispetto a quello pagato per l'acquisto di un'opzione Plain Vanilla con le medesime caratteristiche.
Il venditore di un'opzione con Knock Out incassa un premio inferiore rispetto a quello ottenuto con la vendita di un'opzione Plain Vanilla con le medesime caratteristiche; nello stesso tempo però il rischio di esercizio è allontanato e subordinato all'eventuale raggiungimento del livello di Knock Out.

Il cliente acquirente dell'opzione non ottiene benefici nel caso di movimenti avversi del tasso di cambio.

Il premio relativo a un'opzione con Knock-Out è inferiore rispetto a quello relativo a un'opzione plain vanilla con le medesime caratteristiche; questo proprio perché con l'aggiunta del knock-out viene limitata la possibilità di esercizio dell'opzione.

Esempio numerico di acquisto PUT EUR/CALL USD

Ipotesi:
- Cambio a termine a tre mesi EUR/USD 1,3350
- Il cliente acquista PUT Eur CALL USD 1,3350 Knock Out 1,3450 di tipo americano.
- Nominale 1.000.000 € scadenza a 3 mesi
- Il premio pagato è pari a 8.000 €

Se, durante la vita dell'opzione, il cambio EUR/USD non tocca mai la barriera (1,3450), l'opzione è una normale Plain Vanilla PUT EUR/ CALL USD con strike 1,3350.
Se, al contrario, la barriera è toccata, l'opzione cessa di esistere, senza alcuna ulteriore conseguenza per l'acquirente al di là del premio pagato pari a 8.000 €

Esempio numerico di acquisto CALL EUR/PUT USD

Ipotesi:
- Cambio a termine a tre mesi EUR/USD 1,3350
- Il cliente acquista CALL EUR/ PUT USD 1,3350 Knock Out 1,3450 di tipo americano.
- Nominale 1.000.000 € scadenza a 3 mesi
- Il premio pagato è pari a 8.000 €

Se, durante la vita dell'opzione, il cambio EUR/USD non tocca mai la barriera (1,3450), l'opzione è una normale Plain Vanilla CALL EUR/PUT USD con strike 1,3350.

Se, al contrario, la barriera è toccata, l'opzione cessa di esistere, senza alcuna ulteriore conseguenza per l'acquirente al di là del premio pagato pari a 8.000 €

La parità dei tassi d'interesse

La parità dei tassi d'interesse (in inglese interest rate parity) in economia è la relazione che lega i tassi d'interesse ai tassi di cambio.

- Si tratta di una condizione di non arbitraggio sui mercati finanziari in base alla quale, il rendimento atteso di un'attività finanziaria denominata in valuta nazionale deve essere uguale al rendimento di attività finanziaria analoga denominata in valuta estera al netto del deprezzamento atteso della valuta nazionale nei confronti della valuta estera.

Si distinguono generalmente

- Una parità coperta dei tassi d'interesse.
- Una parità scoperta dei tassi d'interesse.

La parità coperta dei tassi d'interesse

La parità coperta dei tassi d'interesse (in inglese covered interest rate parity o interest parity condition) ci dice che, al fine di escludere la possibilità di arbitraggi sul mercato dei cambi, i differenziali dei tassi d'interesse devono essere accompagnati da differenziali tra i tassi spot e i tassi forward (a termine) sul mercato dei cambi.
In particolare, deve valere la seguente eguaglianza:

$$(1 + i) = (F/S)(1+i^*)$$

dove:
- i è il tasso d'interesse garantito da un'obbligazione nazionale con una certa scadenza (es. annuale).
- i* è il tasso d'interesse garantito all'estero da un'obbligazione analoga con la stessa scadenza.
- S è il tasso di cambio spot, definito come il prezzo della valuta estera ($) in valuta nazionale (€), cioè €/$.
- F è il tasso Forward €/$, cioè il tasso di cambio prevalente sui mercati per un contratto a termine con la medesima scadenza delle obbligazioni di cui sopra.

La formula precedente ci dice che il rendimento che si ha investendo un'unità di valuta nazionale in titoli domestici, (i+i), deve essere uguale al rendimento ottenuto:
- convertendo a pronti l'unità di valuta nazionale in valuta estera
- investendo le 1/S unità di valuta estera così ottenute in titoli esteri analoghi
- riconvertendo a termine il montante, ottenendo così F (1+i*) (1/S) unità di valuta nazionale.

Questa operazione è possibile grazie all'esistenza di mercati dei cambi a termine che permettono di fissare oggi il prezzo di un'operazione di cambio da effettuare nel futuro, neutralizzando così i rischi del cambio.

Affinché la parità coperta valga è necessario assumere che le attività finanziarie denominate in valuta estera e nazionale:

- Abbiano lo stesso rischio, o siano percepite come tali dagli investitori.
- Possano essere commerciate internazionalmente, non vi siano cioè vincoli ai movimenti di capitale finanziario.

Se, valendo le due condizioni precedenti, l'uguaglianza precedente non valesse, esisterebbero possibilità di arbitraggio su titoli fruttiferi non completamente sfruttate. Esistono modi alternativi di esprimere l'uguaglianza precedente. Così, prendendo i logaritmi naturali e ricordando che:

$$\ln(1 + i) \approx i$$

l'eguaglianza precedente può essere riscritta come:

$$i = i^* + \ln(F/S)$$

dove $\ln(F/S)$ è il forward premium, la differenza percentuale tra il tasso di cambio a termine e quello a pronti.
In base alla formulazione precedente risulta chiaro che, in base alla parità coperta dei tassi di interesse, il differenziale dei tassi di interesse nazionale ed estero, $(i-i^*)$, deve essere pari al forward premium.
In particolare, quando il tasso d'interesse interno è inferiore a quello estero, $(i<i^*)$, il prezzo a termine della valuta estera è minore di quello spot. Il contrario quando $i>i^*$.
Un altro modo di esprimere la parità coperta è, manipolando la prima formula riportata:

$$i = i^* + (F - S)/S (1 + i^*)$$

che in genere, quando la volatilità del cambio non è alta, si approssima come:

$$i = i* + (F - S)/S$$

Esempio

Ipotesi in cui vale la parità coperta dei tassi d'interesse.
Pensiamo a un soggetto che voglia investire 100 € per un anno.
Il mercato offre all'investitore le seguenti condizioni:
- iEU = 3% = 0,03
- iUS = 4,5% = 0,045
- S = 0,8
- F = 0,788517

Il nostro investitore ha due alternative:
- Investire 100 € al tasso di interesse iEU.
- Iinvestire 100 € al tasso di interesse USA iUS, effettuando le dovute conversioni.

Nel primo caso l'investitore otterrebbe a scadenza un montante di:
- 103 € (= 100*(1+0,03) €).

Nel secondo caso egli dovrebbe:
- Cambiare a pronti i suoi 100 € in dollari, ottenendo (1/0,8)*100 $ = 125 $
- Investire i 125 $ al tasso USA, ottenendo a scadenza un montante di 125*(1+0,045) $ = 130,625 $
- Cambiare a termine il montante di 130,625 $ in euro, ottenendo 0,788517*130,625 = 103 €.

In tal caso non esistono possibilità di arbitraggio, perché le due alternative garantiscono un rendimento di 3 €.
Riprendiamo l'esempio precedente, ma supponiamo che il tasso d'interesse USA sia del 6% (iUS = 0,06).
Questa volta, scegliendo la seconda alternativa, l'investitore otterrebbe una somma maggiore.
Infatti, investendo sul mercato statunitense i 100 € convertiti spot in dollari (125 $), otterrebbe alla scadenza un montante pari a 125*(1+0,06) $ = 132,5 $.

Riconvertendo nello stesso momento in euro sui mercati a termine la somma futura, si assicurerebbe alla scadenza un montante pari a 0,788517*132,5 €= 104,478502 € maggiore dei 103 €, che è il montante garantito dalla prima alternativa.

Se ipotizziamo dunque di poter prendere denaro in prestito agli stessi tassi, sarà allora possibile indebitarsi in euro al 3%, riconvertire quanto ricevuto in dollari, investirlo e riconvertirlo a termine.

Tradotto in cifre questo significa che l'investitore oggi:

- Riceve 100 € (presi in prestito al 3%)
- Converte i 100 € in dollari, ottenendo 125 $
- Investe i 125 $ al tasso USD.

Il flusso netto delle operazioni precedenti è zero.

Lo stesso investitore tra un anno:

- Riceve il montante dell'investimento (132,5 $)
- Converte i 132,5 $ in euro, ottenendo 104,478502 €
- Restituisce il montante di quanto aveva preso a prestito, cioè 103 €.

Il flusso netto è positivo, poiché, restituiti i 103 €, restano all'investitore:

104,478502 € - 103 € = 1,478502 €

L'investitore quindi riceverà a termine circa 1,5 €.

Considerando che si tratta di un importo certo, ottenuto a costo zero:

- Gli investitori inizierebbero a convertire i propri euro in dollari sul mercato spot e a riconvertirli in euro sul mercato a termine.
- Questo comporterebbe un deprezzamento dell'euro contro il dollaro sui mercati a pronti e un apprezzamento sui mercati a termine.
- Il cambiamento nei tassi di cambio proseguirebbe fino a neutralizzare le possibilità di arbitraggio, ristabilendo così la parità coperta dei tassi di interesse.

La parità scoperta dei tassi d'interesse

La parità scoperta dei tassi d'interesse (in inglese uncovered interest rate parity, UIRP), o effetto internazionale di Fisher, afferma che gli operatori si aspettano che il tasso di cambio si muova per aggiustare le differenze nei tassi di interesse tra due paesi; in altre parole, questa relazione afferma che l'eventuale differenziale dei tassi di interesse tra due paesi è pari al deprezzamento atteso dai mercati finanziari, in misura tale che i profitti delle due alternative di investimento siano uguali. Dunque, in base a tale condizione, qualsiasi differenziale di interesse è compensato dai movimenti valutari.

In base alla parità scoperta dei tassi di interesse gli agenti, per ipotesi neutrali al rischio, possono sfruttare l'esistenza di differenziali nei tassi di interesse non compensati da movimenti del tasso di cambio per trarne un guadagno. Così facendo essi incorrono in un rischio derivante dal fatto che il tasso di cambio a termine non è noto e, di conseguenza, la valutazione delle migliori opportunità di investimento è basata su aspettative di tasso di cambio che potrebbero anche venire disattese e modificare così radicalmente il profitto atteso dell'investimento.

Consideriamo due paesi, cioè un paese (F) in cui il tasso di interesse a breve termine è basso e un paese (H) che ha il tasso di interesse a breve termine alto; se questi hanno un rating sovrano simile, non è chiaro quali tipi di rischi assume l'investitore. Di conseguenza, se due strumenti hanno lo stesso rischio ma i loro guadagni attesi sono diversi, tutti gli investitori dovrebbero vendere lo strumento a basso rendimento per acquistare quello a elevato rendimento, fin quando i guadagni attesi non si eguagliano.

Questo meccanismo assicura che non esistano possibilità di arbitraggio a lungo termine, nei mercati finanziari.

In formula:

$$(S^e - S)/S = r - r^*$$

dove:

- $(S^e - S)/S = \Delta S^e$ = tasso atteso di svalutazione del tasso di cambio nominale.
- r = tasso di interesse nominale interno.
- r* = tasso di interesse nominale estero.

Così, in base alla UIRP, se il tasso di interesse europeo aumenta in rapporto a quello statunitense, ciò si riflette in una svalutazione dell'Euro tale per cui la maggiore remunerazione dell'Euro è compensata dalla sua perdita di potere d'acquisto. Per capire perché la formula precedentemente indicata:

$$(S^e - S)/S = r - r^*$$

è una relazione di equilibrio,
- supponiamo che un investitore europeo abbia a disposizione 10.000 euro e debba decidere se investirli in un deposito a 1 mese in Europa o negli Stati Uniti.

L'investimento negli Stati Uniti richiede in realtà 3 operazioni:
- La conversione degli euro in dollari.
- Il deposito dei dollari in una banca americana.
- La riconversione dei dollari in euro alla fine del periodo.

Per decidere quale delle due possibilità di investimento è la migliore, ovvero consente di ottenere il maggior rendimento, l'investitore le confronterà sulla base dei dati di cui dispone nel momento in cui deve effettuare la scelta.
Siano:
- r = tasso interesse annuo in Europa = 6,05%
- S= cambio spot Euro/dollaro USA= 1,550
- r*=tasso interesse USA = 2,813%
- S^e = tasso di cambio euro/dollaro atteso per la fine del mese = 1,565.

Strategia 1 - Investiamo i 10.000 euro in un deposito a un mese (1 aprile - 30 aprile) in Europa al tasso del 6,05%:

$$10.000 + (10.000 \times r)/12 =$$

$$10.000 + (10.000 \times 0,0605)/12 =$$

$$10.000 + 50,42 =$$

$$10.050,42 \text{ euro}$$

Otteniamo quindi un guadagno netto pari a 50,42 euro.

Strategia 2 - Convertiamo gli Euro in Dollari:

$$10.000 / 1,550 = 6.452 \text{ dollari}$$

Investiamo in un deposito in dollari, sempre con durata a un mese (1 aprile - 30 aprile):

$$6.452 + ((6.452 \times r^*)/12) =$$

$$6.452 + ((6.452 \times 0,02813)/12) =$$

$$6.452 + 15 =$$

$$6.467 \text{ dollari}$$

Ottenendo un guadagno netto pari a 15 dollari.
Convertiamo adesso i dollari in Euro al tasso di cambio atteso di 1,565, ottenendo:

$$6.467 \times S^e = 6.467 \times 1,565 = 10.120,85 \text{ Euro}$$

Confrontando le due strategie, si ottiene che la strategia estera (strategia 2) offre un profitto atteso maggiore in misura pari a:

$$10.120,85 - 10.050,42 = 70,43 \text{ dollari}$$

per ogni 10.000 Euro investiti.

Questa non è chiaramente una situazione di equilibrio.

Tutti gli investitori razionali, e neutrali al rischio, sceglieranno di convertire gli Euro in dollari e di investire in dollari; ciò creerà, ovviamente, un eccesso di domanda di dollari con una conseguente pressione al rialzo del prezzo dei dollari; le aspettative sul tasso di cambio non saranno verificate e la maggiore remunerazione reale del dollaro sarà compensata dal suo maggior costo d'acquisto.

In equilibrio, in una situazione in cui non ci sono cioè movimenti di capitale da un paese all'altro, il rendimento delle due strategie deve essere identico. Quindi:

$$10.000 \ (1+r) = 10.000 \ 1/S \ (1+r^*) \ S^e$$

ovvero:

$$1+r = (1+r^*) \ S^e/S$$

Poiché:

$$Se/S = 1+D \ S^e$$

$$(1+r) = (1+r^*) \ (1+\Delta \ S^e)$$

ovvero:

$$S^e = S \ x \ ((1+R) \ / \ (1+R^*))$$

Secondo la parità scoperta dei tassi di interesse, ogni movimento nei tassi di cambio dovrebbe essere controbilanciato da variazioni nei tassi di interesse relativi.

La domanda di valuta estera

Per comprendere i movimenti dei tassi di cambio è necessario comprendere come si determini la domanda per i vari tipi di depositi in valuta estera da parte dei principali operatori. Come per ogni curva di domanda di strumenti finanziari, anche in questo caso il fattore principale è il rendimento dell'attività, in questo caso il suo valore futuro atteso, funzione del tasso di interesse e della variazione attesa del tasso di cambio.

- Tasso di rendimento monetario: è la variazione percentuale del valore di un'attività in un certo periodo di tempo.

Ad esempio, il rendimento annuale di un conto di risparmio di $100 con un tasso di interesse del 2% è:

$$\$100 \times 1{,}02 = \$\,102$$

quindi il tasso di rendimento è:

$$(\$102 - \$100)/\$100 = 2\%$$

- Tasso di rendimento reale: è il tasso di rendimento monetario aggiustato per l'inflazione. Espresso in termini di potere d'acquisto reale, è la quantità di beni e servizi reali che si possono acquistare con l'attività.

Il tasso di rendimento reale per il conto di risparmio con inflazione pari a 1,5% è:

$$2\% - 1{,}5\% = 0{,}5\%$$

L'attività può acquistare lo 0,5% in più di beni e servizi dopo un anno. Se i prezzi sono fissi a un certo livello, l'inflazione è dello 0% e i tassi di rendimento (nominali) sono uguali ai tassi di rendimento reali. Per i depositi bancari in diverse valute spesso si ipotizza che i prezzi siano fissi a un certo livello (una buona ipotesi di breve periodo).

A parità di altre condizioni, gli individui preferiscono detenere le attività che forniscono i più alti tassi di rendimento attesi in termini reali. Tuttavia, le altre condizioni non sempre sono uguali, anzi spesso non lo sono. Infatti, sia il rischio di detenere attività (grado di variabilità che essa conferisce alla ricchezza del risparmiatore) che la sua liquidità (la facilità con cui l'attività può essere venduta o scambiata) influenzano le decisioni di acquisto. I risparmiatori sono, infatti, generalmente avversi al rischio, così che un'attività che promette un rendimento molto elevato potrebbe non essere attraente se i suoi rendimenti effettivi fluttuano notevolmente.

La liquidità è ricercata per scopi precauzionali.

Per semplicità, ipotizziamo che il rischio e la liquidità dei depositi bancari sul mercato dei cambi siano gli stessi, indipendentemente dalla valuta di denominazione.

Cosi, il rischio e la liquidità sono di importanza solo secondaria nella decisione di acquisto o vendita di valuta. Gli importatori e gli esportatori potrebbero essere preoccupati da rischio e liquidità, ma rappresentano una piccola porzione del mercato.

Ne consegue che gli investitori saranno principalmente interessati ai tassi di rendimento sui depositi bancari.

I tassi di rendimento sono determinati da:

- I tassi di interesse che le attività fruttano.
- Le aspettative di apprezzamento o deprezzamento.

Per determinare il rendimento atteso di un deposito in valuta estera ci serviamo di un semplice esempio, basato su solo due paesi e su due valute, il dollaro (considerata come valuta domestica) e l'euro. Supponiamo che il tasso di interesse su un deposito in dollari sia il 2% e che il tasso di interesse su un deposito in euro sia il 4%.

- Un deposito in euro frutta, quindi, un tasso di rendimento atteso maggiore?

Apparentemente sì, ma la risposta dipende, come abbiamo appena detto, anche dalla variazione attesa del tasso di cambio tra dollaro ed euro. Se il dollaro si dovesse apprezzare oltre un certo valore, allora il deposito in dollari risulterebbe più conveniente.

Supponiamo che oggi il tasso di cambio sia $1/€1 e il tasso atteso a 1 anno sia $0,97/€1 ; calcoliamo il rendimento atteso di un deposito in euro:

- $100 oggi si possono scambiare per €100
- Questi €100 frutteranno €104 dopo 1 anno
- Ci si aspetta che questi €104 equivalgano a:
  $0,97/€1 x €104 = $100,88

Il tasso di rendimento in dollari dell'investimento in depositi in euro è quindi:

($100,88-$100)/$100 = 0,88%

Paragoniamo questo tasso di rendimento con quello che deriva da un deposito in dollari.
Dopo 1 anno ci si aspetta che i $100 fruttino:

$102: ($102-$100)/$100 = 2%

Il tasso di rendimento è semplicemente il tasso di interesse.
Il deposito in euro ha un tasso di rendimento atteso inferiore, quindi tutti gli investitori preferiranno i depositi in dollari e nessuno vorrà detenere depositi in euro.
Si noti che il tasso atteso di apprezzamento dell'euro è:

($0,97- $1)/$1 = -0,03 = -3%

Semplifichiamo l'analisi dicendo che il tasso di rendimento in dollari dei depositi in euro è circa uguale al tasso di interesse sui depositi in euro (R€) più il tasso atteso di apprezzamento sui depositi in euro:

(4% + -3% = 1% ≈ 0,88%)

R€ + (Ee$/€ - E$/€)/E$/€

dove:

- E\$/€ = il tasso di cambio tra dollaro ed euro.
- Ee\$/€ = il tasso di cambio atteso.

La differenza nel tasso di rendimento tra depositi in dollari e depositi in euro è:

$$R\$ - (R€ + (Ee\$/€ - E\$/€)/E\$/€) =$$

$$= R\$ - R€ - (Ee\$/€ - E\$/€)/E\$/€$$

Quando questa differenza è positiva, i depositi in dollari garantiscono un rendimento atteso reale superiore, quando è negativa il rendimento reale atteso è quello dei depositi in euro.

Con questi strumenti possiamo identificare la domanda di attività (depositi) in valuta sotto le ipotesi di uguaglianza di rischio e liquidità tra le attività denominate in valute diverse.

Abbiamo appena visto come la domanda di depositi in valuta estera dipenda, sotto determinate ipotesi, dal tasso di rendimento atteso. Data questa condizione, il mercato dei cambi si trova in equilibrio quando i depositi denominati in tutte le valute offrono lo stesso rendimento atteso. In altre parole, in presenza di mercati integrati, i rendimenti di attività finanziarie simili (per grado di rischio e liquidità) devono essere gli stessi, una volta espressi in valuta comune (condizione di parità dei tassi di interesse).

- In termini più formali, rimanendo all'interno dell'esempio del dollaro e dell'euro, la parità scoperta dei tassi di interesse (uncovered interest parity - UIP) prevede che il rendimento dei depositi in dollari sia uguale al rendimento dei depositi in euro più il tasso atteso di variazione del tasso di cambio:

$$R\$ = R€ - (Ee\$/€ - E\$/€)/E\$/€$$

Il mercato dei cambi è in equilibrio soltanto quando vale la UIP. In questo modo, gli investitori sono indifferenti tra detenere un deposito in dollari che rende il 10% annuo e un deposito in euro, il cui rendimento è pari a 7% solo se si attendono che il dollaro si deprezzi del 3%. Così, il rendimento del deposito in euro ha lo stesso valore di quello in dollari, tenuto conto delle aspettative sul tasso di cambio. In caso contrario, se ad esempio ci fossero attese di un deprezzamento del dollaro solo dell'1%, gli investitori domanderebbero depositi in dollari e chi detiene depositi in euro cercherà di scambiarli con depositi in dollari, creando un eccesso di domanda di depositi in dollari e un eccesso di offerta di depositi in euro.

Per determinare l'equilibrio sul mercato valutario è necessario determinare in che modo il tasso di cambio corrente influenza il rendimento atteso dei depositi in euro.

L'obiettivo è di rappresentare sul piano (E$/€, R$) la condizione di parità dei rendimenti.

- Il rendimento di un deposito in dollari è rappresentato dalla curva verticale, la cui intercetta è R$, e ovviamente non dipende dal tasso di cambio.
- Viceversa, quest'ultimo influenza negativamente il rendimento atteso in dollari dei depositi in euro.

L'intuizione è che un deprezzamento corrente del dollaro (un maggiore E$/€), che non modifichi né i tassi di cambio attesi, né i tassi di interesse, riduce il rendimento atteso in dollari di un deposito in euro, poiché fa sì che sia necessario un minore deprezzamento futuro per raggiungere il valore futuro atteso del cambio.

Restando all'esempio di prima, in cui si attendeva un deprezzamento del 3% e si partiva da un tasso di cambio 1 a 1, il rendimento atteso in dollari di un deposito in euro era pari al 10%:

$$[7\% + (1,03- E\$/€)/E\$/€]$$

Se il cambio corrente si deprezzasse, e E$/€ aumentasse a 1,02, allora il rendimento atteso in dollari del deposito in euro diventerebbe pari a:

$$7\% + (1,03 - 1,02)/1,02 = 7,99\%$$

Ne consegue che la curva che esprime il rendimento atteso sui depositi in euro è inclinata negativamente.
Dall'intersezione delle due curve si determinano il tasso di cambio corrente e il rendimento in dollari di equilibrio.

- Come varia, di conseguenza, l'equilibrio al variare dei tassi di interesse e delle aspettative sul tasso di cambio corrente?

Un aumento del tasso di interesse sulle attività in dollari fa spostare verso destra la curva verticale, provocando un apprezzamento del tasso di cambio (un minore E\$/€).
Se invece aumenta il tasso di interesse sulle attività in euro è la curva inclinata negativamente a spostarsi verso destra, generando un aumento del tasso di cambio E\$/€ .

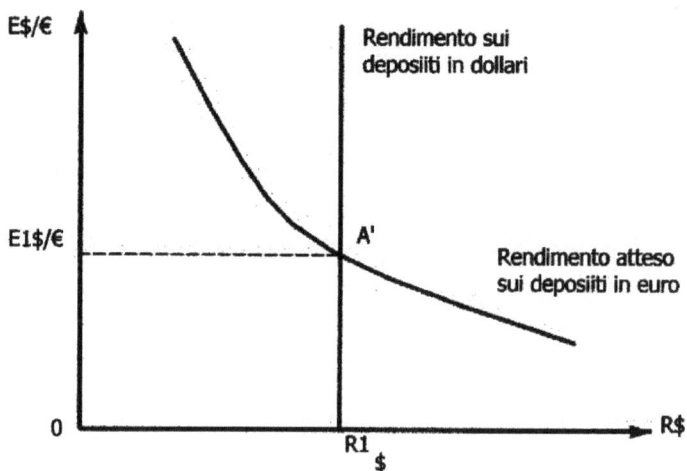

A parità di altre condizioni, quindi, un aumento del tasso di interesse pagato sui depositi in una data valuta provoca un apprezzamento di quella valuta nei confronti delle altre.

Determinato il funzionamento di breve periodo del mercato valutario, nella figura seguente si evidenzia il legame tra moneta, tasso di interesse e tasso di cambio.

Il quadrante in alto mostra l'equilibrio sul mercato valutario, come lo abbiamo appena descritto, mentre il quadrante in basso riporta il solito schema del mercato monetario (solo ruotato di 90° per avere l'asse del tasso di interesse in comune con il grafico superiore).

In breve, l'equilibrio sul mercato monetario è rappresentato dall'incrocio tra l'offerta reale di moneta:

(MSUS/PUS)

esogena rispetto al tasso di interesse nominale R$, e la domanda di moneta :

L(R$,YUS)

funzione decrescente di R$ (all'aumentare dei tassi aumenta il costo opportunità di detenere moneta).

Dall'analisi della figura si osserva chiaramente il legame tra la politica monetaria e il tasso di cambio.

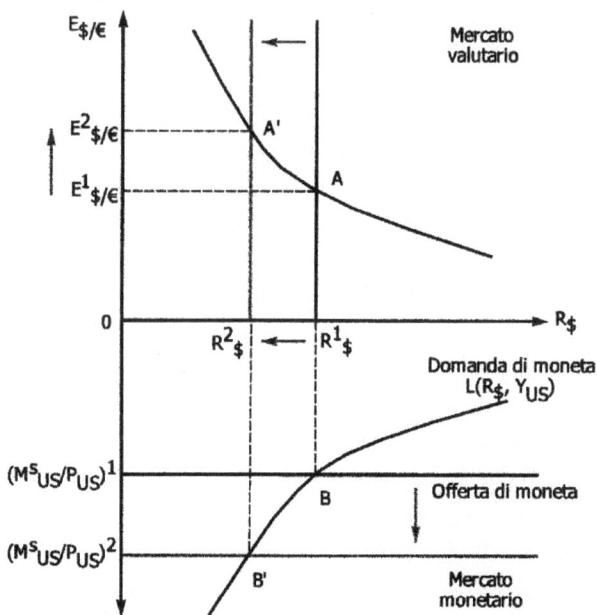

Una politica espansiva della Fed, ad esempio, fa aumentare l'offerta di moneta (la curva orizzontale si sposta verso il basso e l'equilibrio si sposta da B a B'), determinando una riduzione del tasso di interesse statunitense. Questa riduzione fa spostare verso sinistra la curva verticale dei rendimenti dei depositi in dollari nel grafico superiore, portando il nuovo equilibrio in A'. Come risultato, a un'espansione monetaria segue un aumento del tasso di cambio (deprezzamento). Al contrario, e semplice verificare che a una contrazione monetaria segue un apprezzamento della valuta sul mercato dei cambi.

Fino ad ora la nostra analisi si è limitata al breve periodo, assumendo che il livello dei prezzi e le aspettative sul tasso di cambio fossero date. Per avere chiaro il modo in cui domanda e offerta di moneta influenzano il tasso di cambio è tuttavia necessario rimuovere queste ipotesi e passare ad un'analisi di lungo periodo, in cui prezzi e salari (perfettamente flessibili) si aggiustano fino a determinare un equilibrio di pieno impiego.

86

Quindi, la condizione di equilibrio sul mercato monetario:

(MSUS/PUS = L(R\$,YUS))

diventa:

PUS = MSUS/L(R\$,YUS)

Il livello dei prezzi dipende dall'offerta di moneta, dal tasso di interesse e dal livello di produzione. In particolare, un aumento dell'offerta di moneta genera un incremento proporzionale del livello dei prezzi (neutralità della moneta). Poiché il tasso di cambio è anch'esso un prezzo, il prezzo della moneta, un aumento permanente dell'offerta di moneta di un paese provoca un deprezzamento proporzionale della sua moneta rispetto alle valute estere. Analogamente, una diminuzione permanente di MSUS provoca un apprezzamento proporzionale del dollaro nel lungo periodo.

Abbiamo visto come l'equilibrio sul mercato valutario si basi sulla UIP, che prevede l'uguaglianza dei rendimenti delle attività in valuta, tenuto conto delle variazioni attese del tasso di cambio. Il mancato rispetto ex-ante della UPI è una condizione sufficiente perché si verifichino flussi di capitale tra paesi, con gli investitori che sposterebbero i capitali nel paese con il rendimento maggiore. Queste operazioni di arbitraggio dovrebbero portare all'equilibrio e al rispetto della parità dei tassi di interesse. Tuttavia, nella realtà la condizione di parità scoperta dei tassi di interesse viene sistematicamente rigettata: è allora possibile realizzare *predictable excess returns* indebitandosi sistematicamente nella valuta con tassi più bassi per investire nella valuta con tassi più alti.

Cominciamo ora a considerare il cambio a termine, che permette di eliminare il rischio di cambio.

Mediante il ricorso ai mercati a termine gli investitori possono fissare al tempo t il valore del cambio al tempo t+1.

L'utilizzo del tasso di cambio a termine (F\$/€), invece di quello atteso, consente di determinare una seconda condizione di parità, dato che gli operatori saranno indifferenti tra due investimenti alternativi se e solo se i loro rendimenti sono uguali, ossia se:

$$R\$ = R\euro - (F\$/\euro - E\$/\euro)/E\$/\euro$$

Questa condizione, chiamata parità coperta dei tassi d'interesse, prevede che il tasso di rendimento sui depositi in dollari deve essere uguale al tasso di rendimento dei depositi in euro più il premio a termine dell'euro nei confronti del dollaro (Covered Interest Parity - CIP).

* La CIP mette in evidenza la stretta connessione tra il tasso di cambio a termine, il tasso di cambio a pronti e i rendimenti praticati sui depositi nelle due valute.

Al contrario di quanto avviene per la parità scoperta, le verifiche della CIP trovano un valido supporto empirico.

Ciò è ragionevole, poiché sarebbe strano che un mercato integrato e liquido come quello valutario, lasciasse aperte opportunità per condurre con profitto operazioni di arbitraggio coperte dal rischio di cambio.

L'OVERSHOOTING

Mettendo insieme le due analisi di breve e lungo periodo, è possibile spiegare in maniera più esauriente il modo in cui il tasso di cambio reagisce a shock monetari, così da fornire una spiegazione alla volatilità del tasso di cambio, ben superiore a quella dei prezzi. Assumiamo quindi che i prezzi siano rigidi nel breve periodo, ma flessibili nel lungo e che gli agenti formino la loro aspettative in modo razionale.

- Cosa accade, sotto queste ipotesi, in seguito a un'espansione monetaria permanente? Iniziamo dal considerare le reazioni nel breve periodo (vedi successivi grafici.

Rispetto a quanto abbiamo già visto, ora si deve considerare che la variazione dell'offerta di moneta influisce anche sulle aspettative sul tasso di cambio. Dato che l'espansione è permanente, gli operatori si attendono che nel lungo periodo tutti i prezzi, compreso il tasso di cambio, aumentino proporzionalmente. Perciò, il rendimento in dollari dei depositi in euro aumenta e la curva inclinata negativamente si sposterà verso destra. Ne consegue che il deprezzamento del dollaro:

(da E1\$/€ a E2\$/€)

è superiore a quello che sarebbe avvenuto nel caso di assenza di variazioni delle aspettative (se, ad esempio, l'aumento di MS fosse temporaneo). Il nuovo equilibrio e nel punto 2', e non in 1" (equilibrio senza variazione delle aspettative).

Ora passiamo ad analizzare la dinamica di lungo periodo (grafici a destra); nel lungo periodo i prezzi variano e iniziano ad aumentare in risposta all'aumento di MS.

Con il tempo, poiché la variazione dei prezzi è proporzionale a quella della moneta, l'offerta reale di moneta ritornerà al suo livello originario (MSUS/PUS)1.

Al tempo stesso, anche il tasso di interesse cresce e ritorna al suo valore iniziale R$1 e sul mercato monetario si arriverà al punto di equilibrio 3. All'aumentare del tasso di interesse statunitense, il tasso di cambio reagisce apprezzandosi (E$/€ diminuisce) e il mercato dei cambi converge verso il nuovo equilibrio di lungo periodo (3') muovendosi lungo la curva inclinata negativamente che rappresenta il rendimento in dollari dei depositi in euro.

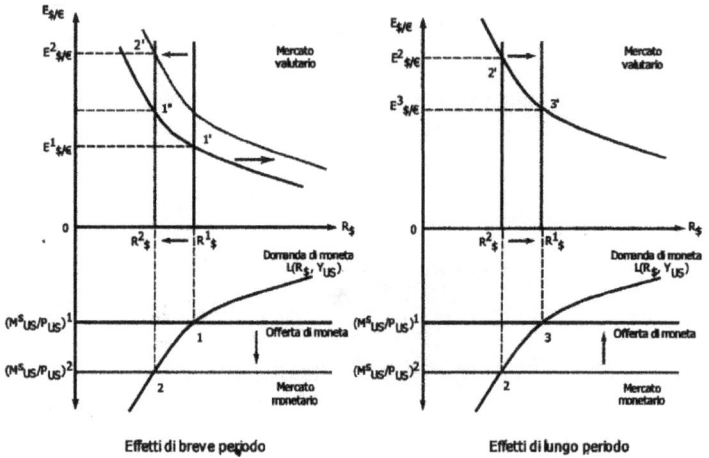

Effetti di breve periodo   Effetti di lungo periodo

Il Carry Trade

Nell'ambito della finanza internazionale il Carry Trade è la pratica speculativa consistente nel prendere a prestito del denaro in paesi con tassi di interesse più bassi, per cambiarlo in valuta di paesi con un rendimento degli investimenti maggiore in modo sia da ripagare il debito contratto sia da ottenere un guadagno con la medesima operazione finanziaria.

Solitamente per mettere in atto un'operazione di carry trade vengono scelte monete che godono di un cambio stabile nel tempo mentre l'investimento è rivolto a strumenti a basso rischio, quali titoli di Stato. È possibile fare un esempio di operazioni di questo genere prendendo a riferimento la situazione economica del Giappone nei primi anni 2000: in questo caso gli investitori stranieri operavano in un mercato che presentava, in maniera pressoché stabile (1996-2007), un tasso di cambio dollaro statunitense/yen di 1/120 e un tasso di interesse dello 0,25%.

Il disallineamento dei tassi rispetto alla media internazionale consentiva di prendere a prestito denaro in yen a un "prezzo" molto basso, di cambiarlo in valute straniere che venivano investite in titoli di stato o altri strumenti finanziari a rischio nullo e che presentavano un rendimento del 3% o superiore.

L'investitore guadagnava, in tal modo, sul differenziale fra i tassi di interesse: scaduto il titolo di stato, il denaro veniva, infatti, riconvertito dalla moneta straniera, in yen, per pagare il debito contratto in Giappone.

Per l'investimento finanziario non è rilevante che il tasso di cambio sia a favore o meno di quello straniero, purché sia stabile nel tempo e resti sostanzialmente invariato dal momento in cui viene contratto il prestito a quello in cui si viene restituito.

Il carry trade era di facile applicazione e chiaramente molto in voga fino all'inizio della crisi nel mercato del Forex dove era possibile individuare facilmente una valuta con un tasso di interesse basso e una con un tasso di interesse alto. Prima della crisi della fine del 2008 lo Yen aveva un tasso di interesse vicino allo 0% mentre molti altri stati offrivano un tasso tra il

4% e l'8%. Bastava quindi andare short sullo Yen contro un'altra moneta per guadagnare semplicemente sulla differenza del tasso di interesse.

Un carry trade può avere 3 sviluppi:

- La trade va contro di me, perché lo Yen si rafforza → Il mio account si riduce a causa della posizione in negativo, ma recupero parte delle perdite grazie ai guadagni sulla differenza dei tassi di interesse.

- I prezzi oscillano in un range e non si muovono più di tanto → Guadagno la differenza sul tasso di interesse

- I prezzi vanno nella mia direzione perché lo Yen si indebolisce → Guadagno per via della trade vincente + guadagno per la differenza sul tasso di interesse.

Chiaramente questo scenario era molto invitante per tutti, soprattutto per i grossi operatori di mercato che possono operare con grosse somme di denaro. Esaminiamo, quindi, cos'è successo nelle coppie comprendenti lo Yen dove la differenza dei tassi di interesse poteva essere sfruttata.

Nella figura sottostante si vede come tra il 2001 e il 2008 l'Euro ha guadagnato circa 8.000 pip contro lo Yen e quindi il grafico dell'EUR/JPY è salito costantemente perché la maggior parte degli operatori di mercato stavano attuando la strategia del carry trade. Si è quindi verificata la terza situazione che abbiamo descritto in precedenza.

Quando negli ultimi mesi del 2008 è iniziata la crisi finanziaria, gli operatori sono stati costretti a chiudere le loro operazioni ricomprando lo Yen e quindi capiamo perché il grafico abbia avuto quel crollo netto nei tre mesi che seguono la linea verticale. Per affrontare la crisi, infatti, le banche centrali mondiali hanno dovuto abbassare i tassi di interesse rendendo il carry trade non più attuabile. L'era del baratto è finita da secoli, ora tutte le transazioni avvengono in denaro. Frase abbastanza scontata ma nasconde una grossa verità da applicare al mercato delle valute.

Se tutti gli scambi sono fatti attraverso lo scambio di valute, allora praticamente ogni scambio influenzerà i rapporti tra le monete. Ovviamente più è grande la transazione maggiore sarà l'effetto. Quindi non si tratta solo di guardare il grafico di EUR/USD, ad esempio, e giudicare se la moneta unica sale o scende rispetto alla moneta americana.

Ci sono forze di mercato esterne, fortissime, che spingono una determinata moneta verso il basso o l'alto.

Il Forex

Il Forex trading è la negoziazione tra valute diverse, la compravendita di divise di paesi differenti con l'obiettivo di realizzare un profitto rivendendo successivamente a un prezzo maggiore la valuta acquistata.
Come in tutti i mercati regolamentati, anche il Forex ha le sue regole, e se una volta era possibile accedere al mercato della compravendita di valute solo ai grossi operatori, quali stati sovrani, banche centrali, grosse banche private o grandi società finanziarie o industriali, oggi, grazie allo strumento informatico e al collegamento Internet, la possibilità di operare sul Forex si è aperta anche per i risparmiatori privati, che grazie a broker specifici possono effettuare operazioni con immediatezza e semplicità. Il mercato Forex, cioè la negoziazione mediante compravendita di valute diverse (Forex trading, cioè Foreign Exchange, Cambio di valute estere) è stato storicamente prerogativa delle principali istituzioni finanziarie: Banche Centrali, grandi istituti bancari, merchant banks o fondi di investimento. Negli ultimi anni, tuttavia, grazie alla diffusione delle reti telematiche veloci, è stato possibile rendere disponibile il mercato Forex anche agli utenti privati, che mediante un computer e un collegamento Internet sono in grado di accedere a piattaforme di trading Forex che non hanno nulla da invidiare a quelle dei grandi operatori. E' dunque ora possibile a chiunque visualizzare in tempo reale l'andamento delle quotazioni del mercato Forex, cioè tipicamente il prezzo di acquisto di una certa valuta espresso in termini di un'altra valuta, prezzo soggetto a variazioni continue legate a un gran numero di variabili, sia sostanziali, relative cioè all'andamento dell'economia del paese al quale quella valuta appartiene, che tecniche, legate alle modalità specifiche di scambio proprio del mercato Forex, che prevedono scadenze fisse di alcuni tipi di contratto, momenti particolari dell'anno, del mese o della settimana nei quali hanno luogo particolari movimenti del cambio, ed eventi simili. Il primo dei due settori di analisi del mercato Forex, come qui sopra accennato, è detto il settore

dell'analisi fondamentale, che è orientato a studiare i fattori concreti che possono portare una valuta a perdere valore rispetto a un'altra, valutando una serie di indicatori focalizzati sull'economia del paese in oggetto, quali il prodotto interno lordo (PIL), l'occupazione, l'inflazione, e molti altri.

Dal punto di vista invece delle modalità tecniche di negoziazione tra valute diverse, nel senso, ad esempio, di orari di apertura dei mercati, di zona geografica nella quale avvengono le trattazioni, di giorno della settimana o del mese, di andamenti particolari del grafico che visualizza il rapporto di cambio tra una divisa e l'altra, il mercato Forex può essere sottoposto all'altro tipo di studio, detto di analisi tecnica, che prescinde dai fattori sostanziali che stanno dietro agli andamenti dei tassi di cambio, ma evidenzia solo aspetti appunto tecnico-operativi tipici del mercato Forex considerato.

• Il mercato Forex funziona tipicamente su coppie di valute: ogni divisa può essere espressa in termini di un'altra, e gli operatori offrono (o domandano) in ogni momento una valuta a un certo prezzo, cercando una controparte disposta a comprarla (o venderla) al prezzo proposto. Il grande numero di coppie di valute disponibili sul mercato Forex fa sì che sia sempre possibile trovare una coppia soggetta a una particolare volatilità, con andamenti variabili nel breve periodo anche di percentuali rilevanti, sulle quali il negoziatore abile (Forex trader) può cercare di guadagnare margini interessanti.

Il tipico metodo per guadagnare col Forex è acquistare una valuta a un certo prezzo, e riuscire a rivenderla entro un certo lasso di tempo a un prezzo più alto. Il Forex è unico sotto numerosi profili:

• Volume degli scambi.
Oltre un terzo degli scambi avviene nel Regno Unito (Londra è la principale piazza finanziaria per il mercato dei cambi); gli Stati Uniti sono il secondo paese per importanza (vi si registra il 16,6% degli scambi), mentre

Svizzera, Giappone e Singapore sono le altre tre piazze principali, tutte con quote di mercato intorno al 6%. Il 43% delle transazioni avviene nel mercato interbancario, il cui peso è andato diminuendo a favore delle transazioni tra altre istituzioni finanziarie, quali i fondi pensione, gli hedge funds e le assicurazioni. Il peso delle controparti non finanziarie è in crescita ma ancora limitato al 17% del totale. Inoltre, gran parte del mercato è gestito da pochi operatori di grandi dimensioni, dato che 12 banche inglesi e 10 banche statunitensi gestiscono almeno il 75% degli scambi sul mercato locale dei cambi. Per quanto concerne l'importanza delle valute trattate, il turnover medio giornaliero è influenzato significativamente dal dollaro statunitense.

La quota percentuale delle singole valute nel valore medio giornaliero delle transazioni è la seguente:
Dollaro US 84,9%;
Euro 39,1%;
Yen Giapponese 19,0%;
Sterlina UK 12,9%;
Dollaro Australiano 7,6%;
Franco Svizzero 6,4%;
Dollaro Canadese 5,3%;
Dollaro di Hong Kong 2,4%;
Corona Svedese 2,2%;
Dollaro Neozelandese 1,6%;
Won Coreano 1,5%;
Dollaro di Singapore 1,4%;
Corona Norvegese 1,3%;
Peso Messicano 1,3%;
Rupia Indiana 0,9%;
Rublo Russo 0,9%;
Altre valute 11,7%.

Il dollaro, benché stia perdendo quote di mercato, resta la valuta principale, poiché è coinvolta in oltre l'87% degli scambi. L'euro ha una quota di mercato pari al 39%, piuttosto stabile nel corso degli anni duemila, mentre lo yen ha perso oltre sei punti percentuali e ha una quota di mercato pari al 19%, comunque superiore a quella della sterlina inglese. Questi dati testimoniano l'importanza del dollaro e segnalano l'utilizzo del dollaro come valuta chiave (vehicle currency), cioè una valuta che viene ampiamente utilizzata per denominare contratti internazionali tra parti che non risiedono nel paese che emette la valuta chiave (si pensi agli scambi di materie prime). Alla riduzione del peso delle maggiori valute, è corrisposta un'ascesa delle valute dei paesi emergenti, coinvolte ormai in quasi uno scambio su cinque. Teoricamente, possono essere quotate tutte le possibili coppie di valute. In pratica, tuttavia, la gran parte degli scambi riguarda il dollaro e poche altre valute di riferimento. Ciò avviene poiché e più conveniente, ad esempio, se si vuole scambiare valuta israeliana con bath tailandesi, convertire shekel in dollari e poi scambiare i dollari ottenuti in cambio di bath, piuttosto che trovare un possessore di valuta tailandese disposto a comprare moneta israeliana (lo spread sarebbe elevato a causa della ridotta liquidità del mercato). Allora i cross rates, anche se non quotati, possono essere calcolati come rapporto tra altri tassi di cambio:

(shekel/bath) = (shekel/USD) * (USD/bath)

- Estrema liquidità e integrazione del mercato che limita le possibilità di arbitraggio tra le diverse piazze in cui sono quotati i tassi di cambio e rende minimi gli spread, generalmente contenuti tra uno e tre punti base.

- Gran numero e varietà degli operatori attivi sul mercato (banche commerciali, istituzioni finanziarie non bancarie, societa e imprese, banche centrali).

- Decentramento geografico, Londra, New York, Tokyo, Francoforte e Singapore sono i principali mercati.

- Durata giornaliera degli scambi, ovvero 24 ore al giorno; il mercato apre a Sydney e chiude a San Francisco, con gli scambi concentrati tra le 8 e le 14 GMT.

- Varietà di fattori che influenzano i tassi di cambio.

Il mercato dei cambi assolve tre funzioni principali:

- Trasferisce il potere d'acquisto tra paesi. Questa funzione e necessaria perché il commercio internazionale e le transazioni di capitali normalmente coinvolgono controparti residenti in paesi con valute differenti che desiderano ciascuno negoziare nella propria valuta.
- Fornisce credito per il commercio internazionale. Dal momento che i movimenti di beni tra paesi non sono istantanei, gli spostamenti devono essere finanziati. Il Forex costituisce una fonte di credito attraverso strumenti specifici come le lettere di credito.
- Minimizza il rischio di cambio.

Ci sono numerosi vantaggi nell'operatività su Forex. Essi includono:

- Liquidità - Nel mercato Forex è sempre possibile trovare un acquirente e un venditore. Il Forex presenta dei volumi di scambio che fanno impallidire qualsiasi altro mercato. La liquidità è un aspetto molto positivo per i trader che possono trovare sempre una controparte per aprire e chiudere le posizioni a qualsiasi ora del giorno. La presenza di moltissimi operatori contribuisce inoltre a rendere il mercato più volatile e quindi a offrire più possibilità di speculazione.
- Comodità di accesso - Gli intermediari Forex sono dislocati presso tutte la Timezones in tutti i maggiori centri finanziari: Tokyo, Hong Kong, Sydney, Parigi, Londra, Stati Uniti. Questo permette agli investitori di poter operare a tutte le ore del giorno.

- Possibilità di aprire posizioni short e long - Le valute sono scambiate a coppie, tutte le posizioni aperte prevedono l'apertura di una posizione long su una valuta e short sull'altra. Se un investitore pensa che il Dollaro americano si apprezzerà nei confronti del Franco svizzero può assumere una posizione long sul cross (cambio) "Dollaro USA/Franco Svizzero". Se il suo parere è opposto la sua posizione sarà di tipo short. Esiste sempre un profitto potenziale perché esiste sempre un movimento di prezzi.

- Leva - È possibile fare trading sul Forex scambiando quantità che siano multiple di un lotto minimo negoziabile che, fino a pochi anni fa, era di 100.000. Attualmente è possibile lavorare anche con minilotti da 10.000 o addirittura da 5.000. Attraverso il meccanismo della leva finanziaria è possibile controllare queste somme utilizzando degli importi decisamente inferiori. Se, ad esempio, desideriamo controllare una posizione 100.000, sfruttando una leva di 20x è sufficiente impiegare 5.000 (100.000/20). Il mercato Forex permette di utilizzare leve molto elevate, decisamente superiori a quelle generalmente disponibili nel mercato azionario.

- Qualità dell'eseguito - Poiché il Forex è così liquido, un gran numero di traders possono eseguire il loro ordine al prezzo che realmente desiderano. In tutti i mercati molto veloci come quello dei futures lo slippage è inevitabile al punto che esistono software di trading che prevedono appositi sistemi per minimizzare il problema. Con il Forex questo effetto viene ridotto e quindi si ottiene un eseguito di maggior qualità. La conferma dell'eseguito è immediata e i trader devono solo preoccuparsi di registrare i loro scambi.

- Costi - Al contrario degli altri mercati il Forex non richiede commissioni. Il costo dell'eseguito è rappresentato dallo spread ossia la differenza fra il prezzo della domanda e quello dell'offerta. In questo modo le performance delle operazioni di trading non nascondono ulteriori costi e sono quindi più trasparenti.

- Capacità di creare i trend - È stato verificato statisticamente che il mercato valutario ha la propensione a creare dei trend netti e identificabili. Ogni moneta ha una personalità propria e crea delle figure storiche uniche. Proprio per questo il mercato il Forex permette di speculare nelle più diverse situazioni di mercato.

- Numero ridotto di strumenti - Invece di scegliere tra migliaia di strumenti finanziari nel mondo del mercato azionario, dei bond e dei derivati, i trader del Forex generalmente scelgono circa quattro valute per le loro operazioni. Le più comuni e liquide sono la Sterlina inglese, il Dollaro americano, il Franco svizzero e l'Euro. In genere i principianti scelgono una coppia di valute per poi iniziare a fare operazioni di trading su 5 o 6 cross contemporaneamente.

- Conti a margine - Per fare trading su Forex c'è bisogno di un conto a margine. Il margine è la quota parte del capitale impiegato per aprire posizioni di trading che deve essere depositato come garanzia sul conto della banca con cui si ha sottoscritto il contratto. L'entità del margine, espressa in percentuale, è stabilità dal contratto stesso. Il conto di marginazione viene inoltre utilizzato per depositare i profitti e prelevare le perdite. La banca può monitorare le posizioni del cliente e chiuderle (previo tempestivo avviso) se il margine depositato non è sufficiente e il cliente non ha provveduto a integrare liquidità.

Il Forex consente di trasferire il rischio di cambio da soggetti avversi (imprese) a soggetti desiderosi, per motivi diversi, di assumerlo. Il Forex è un mercato Over The Counter (OTC): a differenza della borsa valori non esiste un'unica piazza finanziaria di riferimento, non c'è concentrazione degli scambi e le transazioni non sono standardizzate. Questa caratteristica, che tra l'altro permette di entrare sul mercato anche con importi minimi, è stata essenziale per la diffusione del mercato sia in termini geografici sia in termini di accessibilità a tutti i tipi di agenti. Inoltre la possibilità di decidere di volta in volta la quantità con la quale entrare sul mercato permette a chiunque di adottare strategie di money management e asset allocation.

Originariamente il trading sul Forex a condizioni competitive era appannaggio esclusivo delle maggiori banche mondiali, che concludevano transazioni tra di loro all'interno di un circuito riservato e gli ordini erano impartiti quasi esclusivamente via telefono. A tale strumento di comunicazione si aggiunsero poi il telex, il fax, e poi altri strumenti collegati alla diffusione dei computer, fino ad arrivare alle moderne piattaforme di trading. Questa tecnologia ha permesso di rendere accessibile anche ai piccoli operatori la liquidità delle maggiori banche mondiali.

Effettuare operazioni di trading su valute può essere realisticamente considerato un metodo per utilizzare i propri capitali, tanto quanto l'acquisto di titoli di stato, di obbligazioni, di azioni o di uno degli innumerevoli prodotti finanziari che ormai il mercato offre ai risparmiatori. Proviamo a considerare se esiste davvero un sistema per investire Forex, una politica di allocazione dei propri asset che includa anche l'acquisto di una certa quota di investimento Forex, cioè di importi in divisa straniera tali da poter permettere di conseguire un utile nel caso il tasso di cambio tra quella determinata valuta e quella con la quale essa è stata comprata venga a variare, tanto da poter ottenere, al termine del periodo dell'investimento Forex, un controvalore superiore a quello che si era inizialmente speso per aprire quella posizione.

La risposta è naturalmente positiva, l'investimento Forex esiste eccome, e anzi, in questo panorama di mercati finanziari globalizzati la capacità di integrare nelle proprie strategie operative anche il controllo e lo sfruttamento delle variazioni dei ratei di conversione tra le monete di paese diversi fa dell'investimento Forex un ingrediente essenziale di qualsiasi paniere finanziario che non si limiti a un unico paese e quindi a un'unica valuta.

L'investimento Forex più semplice consiste ovviamente nell'acquisto diretto di una valuta spendendo per comprarla fondi espressi in un'altra valuta: si possono, ad esempio, acquisire Franchi Svizzeri pagandoli in Dollari USA, e in tal caso sarà necessario riferirsi alla coppia di valute USD/CHF, che nel momento dell'acquisto avrà un suo saggio di cambio, che poniamo per esempio sia pari a 1,16 (per ogni cento dollari USA spesi si ricevono 116 Franchi Svizzeri).

Ora, se decidiamo di impiegare un totale di un milione di dollari USA per acquistare Franchi Svizzeri, il nostro investimento Forex vedrà un posizione attiva di un milione e centosessantamila CHF.

Se nel periodo successivo il valore del Franco Svizzero viene a crescere, e quindi sono necessari meno CHF per acquistare un USD, possiamo decidere a un certo punto di rivendere in nostri Franchi ricomprando dollari USA, e chiudere così il nostro investimento Forex.

Se paradossalmente alla fine del periodo considerato il tasso di cambio in oggetto fosse arrivato addirittura a 1,00, potremmo rivendere i nostri Franchi alla pari, e otterremmo ben 1.160.000 USD, con un profitto netto di 160.000 USD, il 16% dell'importo inizialmente investito.

Questo è l'utile del nostro investimento Forex, che non è legato in questo caso a nessun rischio di credito, poiché stiamo comprando una valuta, e non un'azione o un titolo che qualcuno dovrà rimborsare alla sua scadenza.

Esistono altri tipi di investimento Forex, più rischiosi ma con possibilità di guadagno più elevate.

Si può, ad esempio, utilizzare il proprio capitale in qualità di investitori Forex che operano con effetto leva, che impiegano cioè il loro denaro non tanto per comprare un vero e proprio capitale in valuta straniera, bensì per comprare un *"margine"*, per investire sulle variazioni del tasso di cambio.

Si simula cioè l'acquisto di un grosso importo in valuta, che in realtà non si acquisisce, poiché il proprio capitale va solo a coprire quella percentuale di cui va a modificarsi il tasso di cambio nel periodo di riferimento.

Nell'esempio indicato sopra, se noi avessimo effettuato un investimento Forex convinti che il prezzo del Franco Svizzero sarebbe andato a calare, "simulando" l'acquisto di quel milione di dollari USA a fronte di 1.160.000 CHF, e impegnandoci a rivenderlo al prezzo corrente al momento della chiusura della posizione, ci vedremmo restituire (sempre in modo simulato) alla scadenza solo un milione di franchi, con un margine netto negativo di 160.000 Franchi, che dovremmo però proprio pagare di tasca nostra, perdendoli per sempre, alla controparte che ha invece effettuato un investimento Forex prevedendo un aumento del valore di USD rispetto a CHF.

Nella negoziazione su divise, cioè nel mondo della finanza Forex, il "titolo" che viene scambiato non è un'azione di borsa, né un'obbligazione, né una materia prima, ma una vera e propria valuta, la moneta nazionale di un paese, che può essere comprata e venduta esprimendo il prezzo in termini di un'altra valuta.

Si possono comprare dollari USA pagando in Euro (cambio EUR/USD), oppure comprare Sterline Britanniche pagando in Yen Giapponesi (JPY/GBP), e così via, in tutte le possibili combinazioni di due monete quotate sul mercato Forex.

- Ma il sistema per guadagnare Forex dove sta, come si fa concretamente a realizzare questi margini positivi?

I sistemi sono due:
- Il sistema tranquillo.
- Il sistema avventuroso.

Il sistema tranquillo offre, ovviamente, guadagni Forex più modesti. Il sistema tranquillo per guadagnare sul Forex è il classico modo che prevede di acquistare un certo titolo, in questo caso una certa valuta, pagandola in termini di una seconda valuta, di tenere poi per un determinato periodo di tempo la valuta acquistata, nell'attesa che il prezzo salga, e poi di rivendere quella valuta quando il nuovo livello di prezzo ha raggiunto un limite ritenuto soddisfacente.

Esempio

Volendo fare un esempio concreto, un investitore, per guadagnare Forex, può acquistare degli Yen spendendo un totale di 100.000 Sterline Britanniche.

Se il tasso di cambio è di 125 yen per ogni sterlina, si potranno comprare 12.500.000 Yen.

Ora, se entro un certo periodo il valore dello Yen rispetto alla sterlina cresce, passando a un rapporto di cambio 110/1, si potranno rivendere gli Yen e riacquistare sterline, in un quantitativo pari a 12.500.000/110 = 113.636 Sterline.

La differenza di 13.636 Sterline è il risultato del guadagnare Forex legato a questa operazione.

Le caratteristiche di questo tipo di sistema di investimento Forex lo rendono relativamente sicuro, poiché se anche la valuta acquistata perde di valore, si tratta sempre di oscillazioni relative, tali che il grosso del capitale non venga messo a rischio. Questa natura di investimento sicuro, però, si collega a una possibilità limitata di guadagno Forex, poiché le oscillazioni modeste portano a piccoli incrementi di valore, e per riuscire a guadagnare Forex in misura significativa è necessario impegnare capitali rilevanti.

Il sistema avventuroso, legato a un livello di rischio più elevato, promette di guadagnare con il Forex ben di più, ma può portare anche a perdere in parte o del tutto il proprio capitale. Il metodo per guadagnare sul Forex più avventuroso è quello dell'investimento sui margini. In questo caso non si utilizza più il proprio denaro per comprare direttamente una valuta, ma al contrario si effettua con esso un investimento speculativo, "puntando" sull'andamento del tasso di cambio. L'investimento sui margini è tipicamente un "impegno" a comprare o a vendere una certa valuta a un prezzo concordato.

Esempio

Se oggi una sterlina vale 125 Yen, io posso impegnarmi con una controparte a vendergli una sterlina, fra un mese, a 130 Yen, e la controparte si impegna a comprarla a quel prezzo. Nessuno in fase iniziale compra o vende niente, si tratta solo di un impegno per un momento futuro prefissato.

Se dopo un mese la Sterlina vale 120 Yen, io potrò comprarla a questa cifra, con la sicurezza di avere un acquirente che me la ricompra immediatamente a 130 Yen, e sarò riuscito a guadagnare sul Forex 10 Yen per ogni Sterlina prevista dal contratto di compravendita.

Al contrario però, se nel giorno della chiusura del contratto la Sterlina vale 140 Yen, io sarò costretto a comprarla a quella cifra, e a venderla a 130 al mio acquirente, e ciò mi causerà una perdita.

Per evitare di perdere tutto il proprio capitale d'investimento possiamo utilizzare gli Stop Loss Order.

- Per esempio, se abbiamo 100.000 da investire, possiamo dire che siamo disposto a rischiare 10.000 del capitale, con la possibilità di guadagnare altri 100.000, ovvero, le perdite possono essere limitate al 10% (o al 5% del capitale investito).

Un altro modo per gestire bene i propri rischi nel mercato Forex è investire senza un livello eccessivo di indebitamento; i broker Forex vogliono far investire con alti valori di leva finanziaria, dato che questo comporta maggiore reddito per loro. Inoltre, commerciare con un alto livello di leva potrebbe aumentare i propri profitti, ma anche le proprie perdite. Ci sono molte possibilità che si perdano più soldi di quanto ci si possa permettere. Il Forex può essere straordinariamente vantaggioso per molta gente. Offre enormi vantaggi, liquidità incompatibile con altri mercati, comodità di investire con Internet e sicuramente ci dà l'opportunità di guadagnare molti soldi se investiamo in maniera intelligente.

La diversificazione è un altro modo per amministrare i rischi nel mercato Forex. Se vogliamo abbassare i rischi nel mercato Forex, sarebbe meglio diversificare i propri investimenti tra parecchie monete, ovvero provare a investire simultaneamente con diverse coppie di monete.

- Supponendo di avere un capitale pari a 1.000 $, invece di investire tutti i soldi in EUR/USD possiamo dividerli, metà in EUR/USD e metà in GBD/USD (500 $ ognuno), dato che queste due monete sono altamente correlate e tendono a muoversi nelle stesse direzioni.

Il mercato delle valute

Le coppie di valute si muovono per ragioni fondamentali nel lungo periodo, per ragioni tecniche nel medio e breve periodo e per motivi emotivi nel breve periodo. I fondamentali hanno effetto nel lungo periodo perché ci vuole tempo perché il cambiamento di determinate forze economiche abbia un effetto reale sull'economia del paese. Principalmente i fondamentali si raggruppano in due grandi sotto categorie:

- **Trade Flows** - Scambi di beni e servizi tra un paese e un altro che generano flussi di capitale tra i due Stati. Se una compagnia statunitense compra materiale tecnologico da una compagnia giapponese per un valore di 1 milione di Dollari, dovrà prima cambiare il milione di Dollari in Yen per comprare i beni desiderati. Questa transazione avviene nel mercato delle valute e farà aumentare la domanda per lo Yen e l'offerta di Dollari. Questo cambiamento nell'equilibrio tra domanda e offerta farà aumentare il prezzo dello Yen rispetto al Dollaro.

- **Capital Flows** - Concetto simile al precedente dove flussi di capitale vengono spostati non per comprare beni o servizi, ma per investire in paesi dove il tasso di ritorno dell'investimento è più alto. In particolare si fa riferimento al mercato dei Bond e dalle Azioni. Se, ad esempio, l'economia Statunitense è in salute e sta offrendo ritorni sopra la media, ci sarà un flusso di capitali in entrata da parte di investitori stranieri che vogliono ottenere ritorni più alti che nel loro paese. Per comprare Bond e Azioni statunitensi gli investitori devono cambiare la loro moneta in Dollari americani. Questo avrà l'effetto di far aumentare la domanda per il Dollaro e quindi il suo prezzo salirà.

Anche se le motivazioni tecniche ricoprono un ruolo fondamentale anche nel lungo periodo, si tende a riconoscerle maggiormente come la causa dei movimenti di medio e breve periodo. I prezzi, infatti, sembrano ubbidire a particolari geometrie di mercato e rispettare determinati livelli di supporto e resistenza. Il mercato è costituito da persone che quando si tratta di soldi si distinguono per due sentimenti contrastanti: paura e avidità. In determinate situazioni di mercato, soprattutto in seguito a qualche evento o notizia importante, possono seguire movimenti improvvisi senza essere causati da una causa reale, se non la percezione del rischio e del valore dei prezzi da parte degli operatori di mercato. Ogni giorno il calendario economico ci informa su tutti i dati economici che verranno rilasciati durante la giornata contrassegnandoli a seconda dell'importanza. Solitamente le news più importanti in assoluto vengono rilasciate alle 14.30 ora italiana e riguardano l'economica americana. Tuttavia ci sono anche altri momenti della giornata degni di nota come a metà mattinata europea quando vengono rese pubbliche le notizie per la Sterlina e l'Euro. In nottata quelle dello Yen, che quindi possono influenzare solo chi effettua operazioni di trading durante la sessione asiatica oppure tiene le posizioni aperte anche di notte. L'impatto di queste notizie sul mercato varia molto dal tipo di news ma anche dal momento economico. Ad esempio, durante una crisi i dati sull'occupazione sono seguiti molto da vicino per cercare di scovare indizi su un possibile rallentamento della crisi e prevedere una ripresa economica. Quando invece l'economia è in un periodo di boom, i dati sull'inflazione vengono monitorati attentamente per prevedere gli interventi delle banche centrali che potrebbero decidere di alzare i tassi di interesse per frenare la crescita economica.

In linea di massima comunque i dati più importanti sono una ristretta cerchia e semplicemente si alternano nel ruolo di leader dei market movers. Nel 2007 Kathy Lien nel suo libro *"Day Trading & Swing Trading the Currency Market"* ha condotto uno studio sui dati americani per capire quali tra questi avevano avuto il maggior impatto nel corso dell'anno sulla coppia EUR/USD.

In generale quando si fa trading sulle valute si deve tenere sempre in considerazione che il loro andamento può dipendere da fattori esterni che spesso intrecciano i destini di due o più valute. Questo genera appunto il fenomeno della correlazione. Il tasso di correlazione indica quanto le due variabili sono collegate e si influenzano l'una con l'altra. Gli eventi sottostanti possono essere la vicinanza geografica tra paesi, le interconnessioni macroeconomiche, i legami anche politici o magari l'andamento del mercato di determinati beni o prodotti. Possiamo definire la correlazione come la misura del rapporto tra due variabili. La correlazione tra le valute viene espressa con un Coefficiente di correlazione, che può variare tra -1 e +1; di conseguenza, la correlazione può essere:

- Positiva, e in questo caso le variabili si muovono nella stessa direzione. Più alti sono i valori, maggiore è questa correlazione (+1 è il massimo possibile, teoricamente indicherebbe che due coppie di valute si muovo nella stessa direzione il 100% delle volte).

- Negativa, se le due variabili si muovono nella direzione opposta. Più bassi sono i valori, maggiore è questa correlazione (-1 è il massimo possibile, teoricamente indicherebbe che due coppie di valute si muovo nella direzione opposta il 100% delle volte).

- Il valore pari a Zero indica correlazione neutra o assente.

In questo ambito non entreremo nello specifico dei dati, ma vogliamo solo illustrare le principali correlazioni tra le valute e altri asset finanziari o eventi economici.
Attenzione, queste relazioni valgono in condizioni standard e devono essere comunque costantemente riviste a seconda della situazione economica.

- Il Dollaro Americano è negativamente correlato con l'Oro. I due strumenti sono visti come beni sostituti e l'Oro è considerato come un bene rifugio in tempi di incertezza. Quindi solitamente quando il prezzo dell'Oro sale, il Dollaro dovrebbe scendere.

- L'Euro è invece positivamente correlato con l'Oro. La motivazione risiede non nel fatto che l'Euro sta assumendo il ruolo di anti-Dollaro. Quindi se il Dollaro scende e l'Oro sale, l'Euro tende a salire.
- La Sterlina Inglese ha una forte correlazione positiva con il petrolio. La produzione di energia è una componente molto importante del PIL inglese e circa il 25% del FTSE 100 è composto da compagnie petrolifere ed energetiche. Quindi quando il prezzo del Greggio sale anche la Sterlina dovrebbe giovarne.
- Lo Yen Giapponese al contrario ha una correlazione negativa con il Petrolio. Essendo un paese esportatore, i prezzi dei trasporti salgono alle stelle quando il prezzo del petrolio sale danneggiando così l'economia giapponese e lo Yen.
- Il Franco Svizzero ha una correlazione particolare; è, infatti, direttamente proporzionale a guerre e periodi di incertezza politica. La Svizzera, infatti, ha sempre svolto un ruolo neutrale durante le guerre e tutt'ora queste ragioni storiche sono percepite e gli investitori considerano il Franco Svizzero una moneta rifugio in tempi di incertezza.
- Il Dollaro Canadese e il Dollaro Australiano sono correlati positivamente con le Commodities. Essendo entrambi grossi produttori ed esportatori di materie prime, in tempi in cui le commodities iniziano trend rialzisti, è solitamente un buon momento per andare long su queste due monete.

Queste relazioni sono alla base dei principi dell'analisi intermarket, un concetto che si è sviluppato solo da un paio di decenni e che ora ricopre un ruolo fondamentale nell'analisi e nella previsione dei futuri movimenti degli asset finanziari.

Come abbiamo visto quindi, le valute sono sempre quotate in coppia. Ogni coppia di valute, quindi, costituisce un prodotto individuale ed è tradizionalmente noto come XXX/YYY, dove YYY è ISO 4217, il codice internazionale di tre lettere della valuta, in cui si esprime il prezzo di un'unità della valuta XXX.

La prima valuta quotata agisce come la "valuta di base".
Per esempio, se consideriamo le coppie di valute USD/JPY, EUR/GBP e GBP/AUD, in tali casi, il Dollaro, l'Euro e la Sterlina Inglese agiscono come valuta di base.
La valuta di base in una quotazione Forex avrà sempre il valore di 1. USD/JPY indica quanti Yen giapponesi puoi comprare con 1 Dollaro statunitense; in modo simile, EUR/GBP indica il tasso di cambio delle Sterline inglesi con 1 Euro.
Da notare che, come ogni valuta ha il suo proprio valore, il valore di un pip è diverso dall'uno all'altro. Se il tasso USD/JPY fosse di 120.75, allora un pip sarebbe 0.01 (il secondo posto decimale), mentre per EUR/USD 1.2385, un pip sarebbe 0.0001 (il quarto posto decimale).
Si riportano di seguito alcuni piccoli esempi.

EUR/USD 1.2385/1.2390

- Valuta di base = Euro
- Prezzo d'offerta = 1.2385
- Prezzo di domanda = 1.2390
- Quando si vendono Euro, 1 Euro = USD 1.2385
- Quando si comprano Euro, USD 1.2390 = 1 Euro.
- Oscillazione = 1.2385 - 1.2390 = 0.0005
- Valore del pip = 0.0001

EUR/JPY 127.95/128.00

- Valuta di base = Euro
- Prezzo d'offerta = 127.95
- Prezzo di domanda = 128.00
- Quando si vendono Euro, 1 Euro = JPY 127.95
- Quando si comprano Euro, JPY 128.00 = 1 Euro
- Oscillazione = 127.95 - 128.00 = 0.05
- Valore del pip = 0.01

GBP/USD 1.7400/10

- Valuta di base = GBP
- Prezzo d'offerta = 1.7400
- Prezzo di domanda = 1.7410
- Quando si vendono Sterline, 1 Sterlina = USD 1.7400
- Quando si comprano Sterline, USD 1.7410 = 1 Sterlina.
- Oscillazione = 1.7400 - 1.7410 = 0.001
- Valore del pip = 0.0001

USD/JPY 119.8

- Valuta di base = USD
- Non viene mostrato nessun prezzo d'offerta o di domanda, il valore dell'oscillazione non è disponibile.
- Valore del pip = 0.1

Le valute più commerciate all'interno del mercato Forex, le sette più importanti, sono il Dollaro Americano, l'Euro, lo Yen Giapponese, la Sterlina Inglese, il Franco Svizzero, il Dollaro Australiano e il Dollaro Canadese.

Il mercato Forex è incentrato soprattutto sul dollaro, dato che la valuta degli Stati Uniti è coinvolta in oltre l'80% dei commerci. La coppia di valute più commerciata nel mercato Forex è EUR/USD, che frutta il 28% dei commerci totali; poi USD/JPY e GBP/USD sono seconde e terze nell'ordine, occupando rispettivamente il 17% e il 14% dei commerci globali.

Quando si inizia a commerciare nel mercato Forex sarebbe sensato iniziare con le sette valute principali.

È anche consigliabile iniziare con la valuta del proprio Paese se si vive in uno dei sette Paesi principali, dato che saremmo in una posizione migliore per giudicare il valore della moneta. Nel mercato Forex le valute sono normalmente espresse con un simbolo alfabetico di tre lettere. I simboli delle valute in Forex sono composti sempre da tre lettere: le prime due identificano il nome del Paese e la terza lettera indica il nome della moneta di quel Paese. Questi simboli e nomi vengono fissati secondo gli standard di ISO 4217.

Dollaro Americano (USD)

Il Dollaro Americano usa il sistema decimale, che consiste in 100 centesimi (il cui simbolo è ¢). In un'altra divisione ci sono 1.000 milioni o dieci monete da dieci centesimi per un dollaro; in più, il termine aquila fu adottato nell'Atto di coniazione del 1792 per designare dieci dollari e, in seguito, fu impiegato per indicare le monete d'oro. Nella seconda metà del 19° secolo ci furono saltuarie discussioni sulla creazione di una moneta d'oro da 50 $, cui ci si riferiva come "Half Union", dunque implicando una denominazione di 1 Union = 100 $. Tuttavia solo i centesimi fanno parte dell'uso quotidiano come divisione del dollaro; il termine che indica "monete da dieci centesimi" viene usato unicamente per rappresentare il nome della moneta dal valore di 10¢, mentre "l'aquila" e il "mill" sono ampiamente sconosciuti al pubblico generale, sebbene i mills siano usati a volte in materia di tasse e prezzi della benzina. Quando furono messe in circolazione, le monete di valore pari a un dollaro o minore vennero emesse come monete americane, mentre monete dal valore di un dollaro o maggiore vennero emesse come note della Banca Centrale, ad eccezione delle monete d'oro, di platino o d'argento valutate fino a 100 $ in corso legale, ma valenti come un lingotto d'oro (oggi si producono sia le monete da un dollaro che le banconote, anche se le banconote sono molto più comuni).

In passato il denaro di carta con un valore inferiore a un dollaro veniva emesso solo occasionalmente (valuta frazionaria) e le monete d'oro vennero messe in circolazione fino a un valore di 20 dollari.

Sterlina Inglese (GBP)

La sterlina (il cui simbolo è £ e il cui codice ISO è GBP), divisa in 100 centesimi, è la valuta corrente del Regno Unito e delle dipendenze della Corona. Il termine gergale "quid" (sterlina) è comunemente usato al posto di "pound (s) - sterlina".

Il nome ufficiale completo, pound sterling (al plurale: pounds sterlings) = sterlina/e inglese/i, è usato principalmente in contesti formali e anche quando è necessario distinguere la valuta usata all'interno del Regno Unito da altre che hanno lo stesso nome. Il nome della valuta, ma non il nome dei suoi componenti, a volte viene abbreviato con "sterling - sterlina", in modo particolare nell'ambito dei mercati finanziari all'ingrosso; per cui "pagamenti accettati in sterling (sterline)", ma mai "che costa cinque sterling (sterline)".

A volte vengono usate le abbreviazioni "ster" o "stg".

Il termine British Pound (sterlina inglese) è comunemente usato in contesti meno formali, sebbene esso non sia un nome ufficiale della valuta. La sterlina indicava originariamente il valore del peso di una libbra di argento pregiato (per questa ragione si parla di "pound sterling", ovvero della sterlina).

Il segno della valuta è il segno della libbra, originariamente £ con due linee orizzontali che, successivamente, si è indicato più comunemente con £, con una sola linea orizzontale.

Il simbolo della sterlina deriva dalla scrittura gotica della lettera "L" dell'abbreviazione LSD – librae, solidi, denarii – usata per le sterline, gli scellini e i centesimi dell'originale sistema di valute duodecimale. La libra era l'unità di misura base Romana che, a sua volta, derivava dalla parola latina che indicava la bilancia. Il codice della valuta ISO 4217 è GBP (sterlina della Gran Bretagna). Occasionalmente si vede anche l'abbreviazione UKP, ma questa non è corretta. Le dipendenze della Corona usano i loro propri codici (che non sono codici ISO).

Le azioni vengono spesso commerciate in centesimi, quindi i commercianti si possono riferire alla sterlina in centesimi, GBX (a volte GBp), quando sentono i prezzi delle azioni.

Euro (EUR)

L'Euro (simbolo della valuta: €, codice bancario: EUR) è la moneta ufficiale dell'Eurozona (conosciuta anche come Area Euro), che consiste negli Stati Europei di Austria, Belgio, Finlandia, Francia, Germania, Grecia, Irlanda, Italia, Lussemburgo, Paesi Bassi, Portogallo, Slovenia e Spagna, e che si amplierà ancora fino ad includere Cipro e Malta dal 1 Gennaio 2008.

È l'unica moneta per più di 317 milioni di Europei. Comprendendo aree che usano valute relazionate all'euro, questa moneta riguarda direttamente più di 480 milioni di persone in tutto il mondo. Con più di 610 miliardi di Euro in circolazione fino al Dicembre 2006 (equivalenti a 802 miliardi di dollari americani, stando al tasso di cambio al momento), l'euro ha superato il dollaro statunitense in termini di valore collettivo di denaro contante in circolazione.

Mentre tutti gli stati appartenenti all'Unione Europea (UE) hanno diritto a farne parte se si conformano a certi requisiti monetari, non tutti i membri dell'EU hanno scelto di adottare tale moneta. Tutte le nazioni che hanno aderito all'UE dall'attuazione del Trattato di Maastricht nel 1993 si sono impegnate ad adottare l'euro a tempo debito.

Maastricht ha obbligato i membri attuali a unirsi all'euro: tuttavia, il Regno Unito e la Danimarca hanno negoziato delle esenzioni da quei requisiti.

La Svezia ha respinto l'euro in un referendum nel 2003, e ha evitato i requisiti per entrare a far parte dell'Area Euro non incontrando i criteri dell'iscrizione.

Yen Giapponese (JPY)

Lo yen, o en, è la moneta del Giappone. È anche ampiamente usata come valuta di riserva dopo il dollaro statunitense, l'euro e la sterlina. I codici ISO 4217 per lo yen sono JPY e 392. Il simbolo latinizzato è ¥.

Sebbene non si faccia un uso specifico della valuta, grandi quantità di yen vengono spesso contate in multipli di 10.000, allo stesso modo in cui le valute negli Stati Uniti vengono spesso quotate o arrotondate a centinaia di migliaia.

Lo yen fu introdotto dal governo Meiji nel 1870 come un sistema somigliante a quelli presenti in Europa. Lo yen sostituì il complesso sistema monetario del periodo di Edo, basato sull'Atto della Nuova Moneta del 1871, e stipulò l'adozione del sistema decimale dello yen, sen e rin, con le monete tonde e fuse come in Occidente. Lo yen fu definito legalmente come 0.78 once (24,26 grammi) di argento puro, o 1,5 grammi di oro puro. La stessa somma di argento vale circa 1181 yen moderni, mentre la stessa somma di oro vale circa 3572 yen.

L'Atto introdusse anche il Giappone nel sistema del gold standard, ovvero nel regime aureo. (I sen e i rin alla fine vennero tolti dalla circolazione alla fine del 1953.)

Le coppie di valute

Le transazioni sul mercato comportano sempre la vendita contestuale di una valuta e l'acquisto di un'altra. Per questo motivo si parla di "coppie valutarie" o "coppie forex". Ad esempio l'eurodollaro, viene indicato come EUR/USD. La valuta alla sinistra viene indicata come valuta principale o di base, mentre la valuta alla destra è la valuta secondaria o controvaluta. Nel nostro caso, l'euro (EUR) viene acquistato o venduto ottenendo in cambio una certa quantità di valuta secondaria, a seconda del tasso di cambio applicabile. Sul mercato si vedono le quotazioni espresse con due tassi di riferimento, ad esempio, EUR/USD 1,1534/1,1536.

- Il prezzo alla sinistra viene indicato come prezzo "bid" o prezzo denaro ed è il prezzo al quale un trader è disposto ad acquistare una coppia valutaria.

- Il prezzo alla destra viene indicato come prezzo "ask" o prezzo lettera o di offerta, ovvero il prezzo al quale un trader è disposto a vendere una coppia valutaria.

- Il differenziale tra il prezzo bid e il prezzo ask è comunemente noto con il termine inglese di spread. Questo è il costo dell'operazione di trading.

Nel nostro esempio, tale differenziale è pari a 0,0002; per comodità di notazione, si tende a indicarlo come 2 pip (point in price oppure percentage in point). I prezzi nel forex vengono quotati generalmente alla quarta o quinta cifra decimale, in quanto una variazione di pochi pip può generare variazioni considerevoli in caso di volumi di trading elevati.

GBP/USD

La coppia di valute GBP/USD (British Pound/U.S. Dollar) esprime il tasso di cambio tra il dollaro americano (the quote currency) e la valuta base, la sterlina.

Quindi per esempio se il tasso di cambio GBP/USD è di 1.6, significa che per comprare una sterlina Inglese abbiamo bisogno di 1.6 dollari americani, e viceversa con 1.6 dollari americani possiamo comprare un pound.

Nel gergo del trading GBP/USD è conosciuta come "Cable".

Il nome deriva dal fatto che in origine, i prezzi di acquisto e vendita, bid e ask, prima venivano trasferiti da New York a Londra via cavo. Il tasso di cambio, tra due valute, esprime la forza di un paese nei confronti di un altro, cosi GBP/USD mette in relazione la forza competitiva dell'economia della Gran Bretagna con quella Americana.

L'economia della Gran Bretagna è molto prosperosa, e riveste un ruolo importante negli scambi finanziari. La maggior parte delle transazioni forex avvengono proprio a Londra, che rappresenta il centro degli scambi internazionali.

Prima della prima e seconda guerra mondiale, l'economia della Gran Bretagna era la più prosperosa, poi divenne quella Americana la più potente, ma nonostante tutto il Regno Unito ha conservato la sua reputazione restando il centro degli scambi mondiali, dove il settore finanziario resta uno dei più importanti di tutta l'economia britannica.

Anche se faceva parte dell'Unione Europea, la Gran Bretagna ha mantenuto la propria valuta, restando fuori dall'unione monetaria. GBP/USD, nei giorni nostri è una coppia di valute molto volatile, il movimento settimanale in termini percentuali è molto ampio. Lo spread è leggermente superiore a quello dell'EUR/USD, ma sempre inferiore rispetto alle altre coppie di valute, quindi GBP/USD è una coppia di valute liquida; inoltre le opportunità di arbitraggio sono molto ridotte.

GBP/USD e EUR/USD, sono positivamente correlate anche se non hanno la stessa volatilità poiché quella di GBP/USD è superiore, generalmente si muovono nello stesso verso, anche perché hanno la stessa valuta USD come quote currency.

Tranne che in periodi crisi, per questa coppia di valute, GBP/USD, abbiamo avuto sempre un positive carry trade, quindi se compravamo GBP/USD potevamo guadagnare oltre sulla differenza nel cambio anche sul differenziale dei tassi d'interesse swap. I fattori macroeconomici che influenzano la coppia di valute GBP/USD, sono identici a quelli delle altre coppie di valute, ovvero, l'inflazione, la disoccupazione, PIL, trade balance.

Le banche centrali sono per la sterlina, la Bank of England (BoE), e per il dollaro, la Federal Reserve (Fed).

AUD/USD

La coppia di valute AUD/USD è l'abbreviazione del tasso di cambio tra il dollaro australiano (AUD) e il dollaro americano (USD). Un tasso di cambio della coppia di valute AUD/USD di 0.80 significa che, con 0.80 centesimi di dollaro Americano possiamo comprare un dollaro Australiano e viceversa con un dollaro Australiano abbiamo in cambio 0.80 centesimi di dollaro Americano.

AUD/USD rientra le valute più commerciate, anche se la popolarità è di gran lunga inferiore a quella dell'EUR/USD, per questo è meno liquida e ha uno spread molto più ampio.

In gergo AUD/USD è conosciuto come "Aussie".

I fattori che influenzano il tasso di cambio AUD/USD, sono simili a quelli che affettano qualsiasi altra coppia di valute, il tasso di inflazione, il tasso d'interesse, trade balance, lo stato di salute dell'economia di un paese nei confronti di un altro.

Così, se il tasso di cambio, del dollaro che viene stabilito dalla Federal Reserve (Fed) è superiore a quello che è stabilito dalla Reserve Bank of Australia (RBA), la coppia di valute AUD/USD dovrebbe svalutarsi poiché gli investitori tenderebbero a vendere AUD per comprare USD, per guadagnare sul differenziale dei tassi d'interesse overnight.

Al contrario se nella coppia AUD/USD, AUD paga un tasso d'interesse superiore a quello di USD, la coppia di valute AUD/USD tende ad apprezzarsi.

Stabilire un tasso d'interesse dipende da tanti fattori, soprattutto dall'inflazione, in quanto un paese tende a contrastare l'inflazione aumentando i tassi d'interesse. L'economia australiana è molto basata sulle risorse naturali e possiede inoltre grandi quantità di oro, ferro, carbone e alluminio. Inoltre l'economia si basa molto sull'agricoltura. Questa valuta viene definita commodity currency, per queste sue peculiarità.

Oltre a queste sue qualità possiede anche un settore industriale molto sviluppato, insomma è un ottima economia, ma soffre molto la sua posizione geografica, molto isolata e una popolazione molto bassa.

La trade balance è sempre ampiamente in deficit, poiché si importano molti prodotti che non vengono prodotti internamente.

AUD/USD ha una correlazione negativa con USD/CAD, USD/CHF e USD/JPY.

NZD/USD

La coppia di valute NZD/USD sta per New Zealand Dollar verso Dollaro Americano.
La coppia di valute NZD/USD è cresciuta in popolarità tra gli operatori negli ultimi anni.
Il tasso di cambio attuale di NZD/USD è di 0.65, quindi per comprare un Dollaro Neozelandese abbiamo bisogno di 0.65 dollari americani, e viceversa con 0.65 dollari americani riusciamo a comprare o avere in cambio un dollaro Neozelandese.
Pertanto la valuta NZD rispetto a USD, risulta svalutata.
L'economia della Nuova Zelanda è basata sulle risorse naturali e su grandi compagnie del settore agricolo; la Nuova Zelanda è una piccola isola, ma le sue risorse naturali sono in grado di influenzare il prezzo delle commodity.
La Nuova Zelanda è molto aperta agli scambi, per questo la coppia di valute NZD/USD assume una grande importanza commerciale per gli operatori.
I traders usano riferirsi a questa coppia di valute con il termine "Kiwi".
La banca centrale per NZD è la Reserve Bank of New Zealand (RBNZ), invece per USD è Federal Reserve (Fed).
Come è ben risaputo anche le banche centrali intervengono sul mercato per aggiustare il proprio tasso di cambio rispetto alle altre valute, quindi possono intervenire direttamente oppure semplicemente con le loro politiche sui tassi d'interessi.
Un aumento del tasso di cambio è sempre un attrazione per gli investitori, che sono spinti a comprare la coppia di valute, NZD/USD, con un conseguente apprezzamento del tasso cambio.
Le politiche e le notizie di analisi fondamentale, come avviene per qualsiasi altra coppia di valute, influenza sia NZD sia USD, specialmente quelle riguardanti le commodity che determinano considerevolmente il tasso di cambio NZD/USD, anche se la maggior influenza si ha con l'andamento dell'economia Americana, che influenza l'economia di tutto il mondo.

Come abbiamo visto in questa recente crisi, se l'America è in difficoltà mette in difficoltà un po' tutti, poiché l'America consuma più di quello che produce, quindi è un buon partner commerciale per tutti.

NZD/USD è correlata positivamente con AUD/USD, EUR/USD e GBP/USD.

USD/CAD

USD/CAD sta per U.S. Dollar/Canadian Dollar, esprime il tasso di cambio tra il dollaro americano e il dollaro canadese. Il tasso di cambio USD/CAD, oggi è uguale a 1.30, quindi con 1.30 dollari canadesi (CAD) possiamo comprare un dollaro americano (USD). Nella coppia di valute USD/CAD, la coppia di valute USD è la valuta base, invece il CAD è la quote currency.

Un tasso di cambio esprime il potere di una nazione nei confronti di un'altra. L'economia canadese è florida, e rientra insieme con quella della Nuova Zelanda e a quella dell'Australia tra le economie basate sulle risorse naturali, le loro rispettive valute sono molto sensitive ai prezzi delle commodity. Gli Stati Uniti, per il Canada, rappresentano il principale partner commerciale, soprattutto per la vicinanza geografica. USD/CAD rientra tra le valute più scambiate, soprattutto per l'importanza commerciale tra gli Stati Uniti e il Canada. Le banche centrali dei rispetti paesi per USD/CAD, sono la Federal Reserve (Fed), per il dollaro americano, e la Bank of Canada (BoC), per il dollaro canadese.

La coppia di valute USD/CAD tra gli operatori forex è conosciuta con il nome di "Loonie".

USD/CAD tende ad avere una negativa correlazione con AUD/USD, GBP/USD e NZD/USD.

Le commodity currencies sono valute che appartengono a paesi che basano principalmente la loro economia sulle risorse naturali e su grandi quantità di commodities.

USD/CAD, come qualsiasi coppia di valute viene utilizzata nelle scambi commerciali, quindi la forza del paese, e il tasso di cambio, è grandemente influenzato dal prezzo delle risorse naturali e delle commodity. Quindi nella coppia di valute USD/CAD, dato che il dollaro canadese dipende molto dal prezzo delle commodity, un loro aumento provoca un apprezzamento di CAD, quindi di conseguenza un deprezzamento di USD/CAD.

123

Infine, un altro elemento da tener presente anche per questa coppia di valute è il livello dei tassi d'interesse sulle rispettive valute, un livello superiore per il dollaro americano, porta all'apprezzamento di USD/CAD, e, viceversa, un livello superiore per il CAD porta alla svalutazione di USD/CAD.

USD/CHF

Il tasso di cambio USD/CHF indica il rapporto tra il dollaro americano e il franco svizzero, nella coppia di valute USD/CHF, il dollaro rappresenta la valuta base e il franco svizzero rappresenta la quote currency.
Il tasso di cambio attuale di USD/CHF è di 0.99, indica che un dollaro è uguale a 0.99 franchi svizzeri, al contrario 0.99 franchi svizzeri sono necessari per comprare un dollaro americano, siamo in pratica in presenza di una perfetta parità.
Nel gergo degli operatori la coppia di valute USD/CHF è chiamata "Swissie".
Le banche centrali dei due paesi sono rispettivamente per USD/CHF, la Federal Reserve (Fed), per il dollaro americano, e la Swiss National Bank (SNB), per il franco svizzero.
Questa coppia di valute, USD/CHF, non è molto diffusa tra i traders, ma ha un'elevata importanza per gli scambi commerciali e finanziari, per due economie sviluppate finanziariamente come quella Americana e Svizzera.
Tecnicamente USD/CHF ha una negativa correlazione tra le coppie di valute EUR/USD e GBP/USD.
L'economia svizzera è molto stabile, e supportata dal segreto bancario in ambito finanziario, ha un'elevata reputazione per la sua segretezza, anche se c'è da dire che la Svizzera negli ultimi anni in seguito a ripetute pressioni, specialmente dall'America e dall'Europa, si sta aprendo alla collaborazione con gli altri stati.
Il franco svizzero nei periodi di crisi ha sempre assolto la funzione di riserva, per questo è apprezzata dagli operatori.
L'economia svizzera è vista stabile e soprattutto neutrale nei conflitti mondiali, quindi data la sua stabilità diversi investitori per diversificare hanno interesse a possedere investimenti in franchi svizzeri, e da ciò nasce l'importanza negli scambi internazionali di USD/CHF.
Il franco svizzero è un'ottima valuta rifugio durante i periodi di recessione, al contrario durante i periodi di stabilità cala l'interesse da parte degli investitori, quindi la coppia USD/CHF,

non è molto liquida, con uno spread non molto favorevole per i piccoli traders.

La Svizzera ha diversi giganti in ambito bancario, come UBS, che operano sul mercato finanziario è costretta ad avere grandi riserve di dollari. In sostanza, la coppia di valute USD/CHF è più commerciata dai grandi investitori che dai piccoli.

USD/JPY

La coppia di valute USD/JPY (U.S. Dollar/Japanese Yen) mette in relazione l'economia Americana con quella Giapponese; un tasso di cambio USD/JPY di 112.48, significa che abbiamo bisogno di 112.48 Yen Giapponesi per poter comprare un dollaro Americano, e viceversa un dollaro americano equivale, attualmente, a 112.48 Yen Giapponesi.

Nella coppia di valute USD/JPY, la valuta base è il dollaro, invece la counter currency è lo Yen Giapponese.

Nel gergo degli operatori usano chiamare questa coppia di valute, USD/JPY, "gopher".

I fattori macroeconomici che influenzano le coppie di valute sono sempre gli stessi in tutte le valute, tassi d'interesse, occupazione, inflazione, trade balance.

Le banche centrali delle rispettive valute, di USD/JPY, sono per il dollaro la Federal Reserve (Fed) e per lo YEN la Bank of Japan (BoJ). I tassi d'interesse del Giapponese, sono stati sempre di gran lunga inferiori a quelli del dollaro, tranne in questo periodo, quindi gli investitori hanno avuto sempre interesse a comprare USD/JPY, provocandone l'apprezzamento della coppia di valute, invece nell'ultimo periodo la Fed ha ridotto i tassi d'interesse sul dollaro quindi il cambio USD/JPY si è deprezzato.

Il Giappone è un gran esportatore in America, Europa, Asia e negli altri paesi, quindi le aziende devono convertire le loro valute in Yen. Nonostante il Giappone sia un piccolo paese territorialmente, e abbia scarse risorse naturali, il loro vantaggio competitivo risiede nelle tecnologie e nelle tecniche innovative impiegate nell'industria manifatturiera. Lo yen Giapponese è la quarta valuta più commerciata al mondo. Lo spread applicato su USD/JPY è uno dei più bassi che viene applicato dai broker sulle coppie di valute; la coppia di valute è stato sempre molto venduta per guadagnare sul differenziale dei tassi d'interesse, carry trade, perché la Banca centrale ha sempre mantenuto basso il tasso d'interesse per stimolare l'economia e risolvere i propri problemi interni. Facendo trading su USD/JPY bisogna tener in mente oltre al carry trade, le importazioni e le esportazioni di materie prime, poiché il Giappone dipende molto dall'importazione di petrolio e dalle altre risorse naturali, quando il prezzo di questi prodotti aumenta ciò può indebolire lo Yen. Inoltre, la banca del Giappone a volte interviene nel mercato per ristabilire un tasso di cambio ottimale per USD/JPY per favorire le esportazioni.

EUR/USD

EUR/USD è la coppia di valute più commerciata nel forex market. L'economia degli Stati Uniti e l'economia dell'Unione Europea sono le più grandi nel mondo. Il dollaro americano è la valuta più commerciata, invece la valuta euro, come volumi di negoziazione è seconda solamente al dollaro americano; data la loro importanza la coppia di valute EUR/USD è la più commerciata in assoluto rispetto alle altre coppie di valute. Commerciare EUR/USD, per esempio al tasso di scambio di 1.16, significa scambiare un euro con 1.16 dollari oppure abbiamo bisogno di 1.16 dollari per comprare un euro. Nella coppia EUR/USD, il dollaro è la quote currency, invece l'euro è la valuta base. Nel gergo la coppia di valute EUR/USD è conosciuta anche come "EURO". I fattori che influenzano la coppia di valute EUR/USD, sono diversi, ma in particolar modo si parla di influenza dell'economia dell'Unione europea e dell'economia Americana, in relazione l'una con l'altra, e in relazione alle altre valute. Il tasso di cambio EUR/USD è influenzato da diversi fattori economici, come lo stato di salute dell'economia, i tassi d'interesse, la bilancia commerciale, il tasso d'inflazione, il PIL. Un fattore molto importante che riguarda entrambe le valute nella coppia EUR/USD, è il differenziale dei tassi d'interesse, il cosiddetto carry trade, che aveva una certa importanza specialmente prima della crisi. Se l'euro paga un interesse per esempio del 5% e il dollaro del 3%, gli investitori sono portati a comprare la coppia di valute EUR/USD, poiché guadagno giornalmente il differenziale degli interessi, oltre sul cambio poiché se tutti gli investitori ragionano in questo modo tutti sono portati a comprare la coppia di valute EUR/USD, e ciò spinge la coppia ad apprezzarsi nel tasso di cambio. Quindi le Banche Centrali, BCE e Fed, influenzano molto il valore del tasso di cambio EUR/USD, aumentando o diminuendo il rispettivo tasso d'interesse sulla loro valuta, rendendola meno appetibile o più appetibile per gli investitori. Così, se la Fed aumenta i tassi d'interesse per il dollaro, la coppia di valute

EUR/USD si svaluta, perché il dollaro diventa più forte, ed è più desiderato perché paga un interesse maggiore, e viceversa. Poiché EUR/USD è la valuta più scambiata ha uno spread, che sarebbe la differenza tra il bid e l'ask tra il prezzo di acquisto e vendita il differenziale che viene percepito dal broker, più basso rispetto alle altre coppie di valute; inoltre, essendo la coppia più scambiata, EUR/USD è la più liquida, quindi non ci sono problemi per chi vuole comprare o vendere.

La Leva finanziaria

La leva finanziaria è un meccanismo che consente di moltiplicare il valore della posizione e di depositare a garanzia solo un piccolo importo di capitale. Questo permette di assumere posizioni di dimensioni sensibilmente più elevate e aumentare così il profitto o la perdita potenziale dell'investimento. La leva disponibile varia a seconda del paese di residenza e alla classificazione del trader.

- I trader al dettaglio sono soggetti ai limiti della leva imposti dall'ESMA, mentre i trader professionali possono beneficiare di una leva fino a 400:1 che consente di controllare una posizione di 200.000 euro a fronte di un investimento di soli 5000 euro.

I broker di Forex offrono leve finanziarie di 50, 100, 150 o perfino 200 volte il capitale investito.
I trader sul Forex si trovano spesso a controllare un enorme somma di denaro a fronte di una spesa di pochi soldi.

- Per esempio, 1.000 $ in un account Forex da 150:1 ci danno un potere d'acquisto di 150.000 $ nel mercato delle valute.

Sebbene sicuramente non per tutti, la leva finanziaria è uno strumento potente e proficuo. Come molta gente presume, in modo scorretto, la leva finanziaria non comporta solo dei rischi ma è essenziale nel mercato Forex. Ciò accade perché il movimento della percentuale media giornaliera di una valuta principale è meno dell'1%, mentre il prezzo di un titolo può facilmente subire un movimento del 10% ogni giorno.
La tabella sottostante dimostra come un'alta leva finanziaria possa influenzare il ROI.

- Leva = 2:1
- Capitale: 1.000 $
- Potere di acquisto: 2.000 $

- Valore su un profitto dell'1%: 20 $
- ROI del capitale: 2%

- Leva = 10:1
- Capitale: 1.000 $
- Potere di acquisto: 10.000 $
- Valore su un profitto dell'1%: 100 $
- ROI del capitale: 10%

- Leva = 50:1
- Capitale: 1.000 $
- Potere di acquisto: 50.000 $
- Valore su un profitto dell'1%: 500 $
- ROI del capitale: 50%

- Leva = 100:1
- Capitale: 1.000 $
- Potere di acquisto: 100.000 $
- Valore su un profitto dell'1%: 1.000 $
- ROI del capitale: 100%

- Leva = 150:1
- Capitale: 1.000 $
- Potere di acquisto: 150.000 $
- Valore su un profitto dell'1%: 1.500 $
- ROI del capitale: 150%

- Leva = 200:1
- Capitale: 1.000 $
- Potere di acquisto: 200.000 $
- Valore su un profitto dell'1%: 2.000 $
- ROI del capitale: 200%

Nel forex trading online gli investitori dispongono della leva finanziaria. Una delle caratteristiche migliori nel mercato Forex è che i trader sono in grado di investire sulle valute estere con un'alta leva. Sulla borsa valori si ha una leva 1:1, fino a 15:1 per il mercato dei future; ma nel Forex trading normalmente i margini sono:

- 100:1
- 150:1
- 200:1.

Il broker forex richiederà un versamento minimo sul conto, conosciuto anche come margine di conto o margine iniziale. Una volta depositato il tuo denaro, allora siamo in grado di investire. Ad esempio, per ogni 1.000 $ che abbiamo, possiamo negoziare una quantità di 100.000 $.

- Per cui, se abbiamo 5.000 $, possiamo negoziare fino a 500.000 $ sul Forex. La sicurezza minima (margine) per ogni quantità varierà da broker a broker. Nell'esempio sopra riportato, il broker ha richiesto un margine dell'1%. Ciò significa che per ogni 100.000 $ negoziati, il broker vuole 1.000 $ come deposito sulla posizione.

Il trading sul forex con un margine elevato permette ai trader di controllare una grande somma di denaro con pochi soldi reali. Questo influisce sul Ritorno degli Investimenti in modo elevato. L'esempio riportato di seguito mostra come i margini sul forex possano aumentare il guadagno sugli investimenti. Ottenendo 1.000 $ in un conto con un margine di 100:1, per esempio, viene concesso un potere d'acquisto di 100.000 $.

Esempio

Su USD/JPY, il prezzo dello Yen Giapponese è di 109.2, il che significa comprare 109.2 Yen con 1 USD, e in vendita JPY al prezzo di 109.0 USD/JPY.

Investimento senza Leva

- Se stiamo investendo senza Leva, abbiamo solo 1.000 $ di potere d'acquisto.
- Al massimo possiamo comprare (1.000 x 109.2) Yen = 109,200 Yen.

- Poi, quando liquidiamo i nostrii Yen Giapponesi a un prezzo più alto (USD/JPY 109.0), il profitto sarà di 1001.8 $.
- Profitto realizzato: 1.8 $
- Ritorno degli Investimenti: 1.8/1000 x 100% = 0.18%

Investire con la Leva

- Usando la leva di 100:1, il risultato finale sarà completamente diverso.
- Compriamo Yen Giapponesi quando USD/JPY = 109.2.
- Totale acquisto dello Yen Giapponesi = (100 x 1000 x 109.2) Yen = 10.920.000 Yen, con in vendita USD 100.000 $.
- Vendiamo Yen Giapponesi quando USD/JPY 109.0.
- In vendita Yen = 10.920.000.
- Attivo netto USD = (10.920,000 / 109) = 100.183.5 $.
- Profitto: 183.5 $.
- Ritorno degli Investimenti: 183.5/1000 x 100% = 18.35%

L'esempio fornito è molto più semplice di ciò che accade nella situazione del mercato reale, ma esso illustra chiaramente che la leva può facilmente incrementare il Ritorno degli Investimenti sul Forex.

Sebbene il trading con la leva sembra estremamente facile per guadagnare, è importante capire bene i rischi cui si va incontro. Considerate che nell'eventualità che i soldi sul conto scendano sotto una soglia predeterminata (Chiamata Margine), le posizioni nel conto potrebbero essere parzialmente o totalmente liquidate, anche in un mercato volatile, che si muove velocemente.

Inoltre i trader dovrebbero sempre controllare con regolarità il proprio bilancio dei margini e utilizzare gli stop-loss order in ogni posizione aperta per limitare i rischi. Nella maggioranza dei casi avreste bisogno di determinare l'entry point oltre allo stop-loss order.

Limit Order

I limit order vengono effettuati automaticamente quando il prezzo raggiunge un certo livello.
Per esempio, l'attuale EUR/USD è a 1.1693 e il nostro limit order predeterminato è vendere tutto a 1.1700.
L'ordine verrà eseguito automaticamente ogni volta che il prezzo raggiunge 1.1700.

- È importante imparare che i limit order possono essere piazzati solo a una distanza minima dall'attuale prezzo di mercato. Inoltre tali ordini possono essere cancellati o modificati in qualsiasi momento, purché il prezzo del limit order sia fissato oltre la distanza minima concessa.

Stop Order

Gli stop order, a volte conosciuti come stop loss order, sono ordini automatici usati per limitare le perdite di ogni posizione attiva. Possono essere usati anche per fissare un profitto nel proprio affare, quando il mercato sta andando nella direzione preferita.

- Gli stop order funzionano in modo simile ai limit sell order, e definiscono il prezzo più basso per vendere in certi affari.

Per esempio, nel caso di EUR/USD 1.1693, con lo stop order a 1.1685, il sistema venderà la parte di USD se il prezzo tocca il livello di 1.1685.
Il prezzo 1.1685 è garantito in questo caso, il che significa che anche se il mercato cala troppo velocemente e scende sotto l'1.1685, possiamo ancora vendere al prezzo che abbiamo stabilito all'inizio.

Gli stop loss

Abbiamo parlato dell'importanza di rischiare solo una minima parte del proprio capitale a ogni trade. Inoltre stiamo insistendo sul concetto di contenere le perdite e lasciar correre i profitti.

Per contenere le perdite è necessario fare buon uso degli stop loss.

- Lo stop loss deve essere inteso come quel livello oltre il quale i nostri criteri per restare nella trade non sussistono più e di conseguenza è meglio mettersi l'anima in pace, ammettere che questa volta la trade non ha funzionato, chiudere la posizione e passare alla prossima. In questo modo lo stop loss ci indica un livello esatto in cui la trade sarà chiusa automaticamente evitando il grosso problema di lasciare a noi la decisione di chiudere o meno l'operazione.

Quando si è in perdita, infatti, si corre il rischio di attaccarsi emotivamente alla trade, sperando sempre che i prezzi tornino nella nostra direzione per poi finire con una grossa perdita.

- Appurata l'importanza degli stop loss, ci sono diversi metodi per il posizionamento degli stessi e non esiste un metodo che vada bene per tutti e per tutte le strategie. Ognuno deve scegliere quello con cui si trova maggiormente a proprio agio e attenersi a quello.

Esaminiamo i metodi principali.

Stop a distanza fissa

Ogni volta che si apre una trade, lo stop sarà sempre a un determinato numero di pip.
A seconda della strategia e del timeframe utilizzato, il numero di pip potrà cambiare.

- Ci sono strategie per short term trader sui grafici a 1 e 5 minuti che prevedono uno stop loss fisso di 10 pip.
- Altri che operano sul grafico a 15 minuti o orario lo fissano a 30-40 pip di distanza. Questa soluzione risulta molto pratica perché non si ha la pressione di dover ragionare ogni volta sul livello più adeguato per lo stop loss.
- Alcune piattaforme inoltre offrono la possibilità di inserire questo tipo di stop in modo automatico appena si apre una trade.

Quantità monetaria fissa

A prescindere dalla distanza dello stop loss e della trade, si rischia sempre lo stesso ammontare di capitale. Per esempio decido di rischiare al massimo 100 $ ogni volta che apro una trade. Occorre quindi calcolare la grandezza della posizione in relazione alla distanza dello stop loss per rischiare sempre la stessa cifra.

- Ad esempio, se lo stop loss è distante 25 pip, potremo aprire una posizione dove ogni pip vale 4 $ (25 x 4 = 100 $). In questo caso potremo utilizzare 4 mini lotti. Questa soluzione è buona perché permette di monitorare con efficacia le perdite, tuttavia è un po' troppo rigida.

In percentuale del capitale

Questo metodo somiglia a quello precedente, ma aggiunge un punto fondamentale. Si decide di rischiare una % del proprio account.

Si consiglia l'1% o il 2%, mai comunque sopra il 5%. E' un metodo più efficace del precedente perché fornisce un criterio meno arbitrario per calcolare la somma da rischiare.

Tracciare una guida su dove esattamente si dovrebbe mettere è praticamente impossibile perché dipende dalla strategia usata, dall'aggressività del trader, dalla coppia negoziata, ecc.

Il consiglio è quello di focalizzare l'attenzione, almeno inizialmente, solo su 1 o 2 coppie in modo tale da impararne i movimenti e le caratteristiche. Questo sarà molto utile in fase di trading per capire dove fissare gli stop loss e i target.

- Ad esempio, le coppie con la Sterlina inglese sono generalmente molto volatili e possono fornire diversi falsi segnali, quindi si consiglia di lasciare gli stop loss più ampi per accomodare le oscillazioni di mercato.
- Un altro consiglio è di avere tra il prezzo di entrata e lo stop loss almeno un livello di supporto o resistenza, se ce ne sono due tanto meglio. Una volta individuato il punto di entrata e lo stop loss, calcoliamo il 2% del

capitale per definire la grandezza della posizione che dobbiamo aprire.

Vediamo due esempi.

Esempio - Entrata long nel cambio GBP/USD

Mettiamo caso che i criteri per aprire una posizione long siano presenti in questo grafico per la coppia Sterlina/Dollaro. Il mio prezzo di entrata è contrassegnato dalla linea tratteggiata verde. Quindi, secondo la mia analisi, i prezzi dovrebbero salire. Tuttavia potrei anche sbagliarmi e per questo mi devo proteggere dal rischio di mercato.

Questo si può fare trovando un livello che permetta di accomodare le normali oscillazioni di mercato ma che stabilisca una quota oltre la quale io decido che la mia analisi questa volta era sbagliata e chiudo la posizione per evitare grosse perdite. Bisogna, quindi, cercare nel grafico livelli di supporto che hanno precedentemente avuto un'importanza per questa coppia.

Noto il precedente minimo formatosi 4 candele prima del mio prezzo di entrata. Inoltre scorgo anche un minimo precedente, non molto più sotto. Quindi assumo che la zona compresa tra le due linee tratteggiate costituisca una buona zona di supporto.

Abbiamo detto che l'analisi mi dice che i prezzi dovrebbero salire, tuttavia se dovessero scendere penso che l'area tra le linee tratteggiate sosterrà i prezzi e non permetterà loro di scendere maggiormente.

Per questo motivo inserisco il mio stop loss qualche pip sotto la seconda linea tratteggiata. Il mio stop loss è contrassegnato dalla linea tratteggiata rossa.

Se i prezzi dovessero scendere e varcare il supporto delle linee tratteggiate significa che la mia analisi non era stata corretta questa volta e il mio stop loss chiuderà la posizione proteggendomi dal rischio che i prezzi crollino.

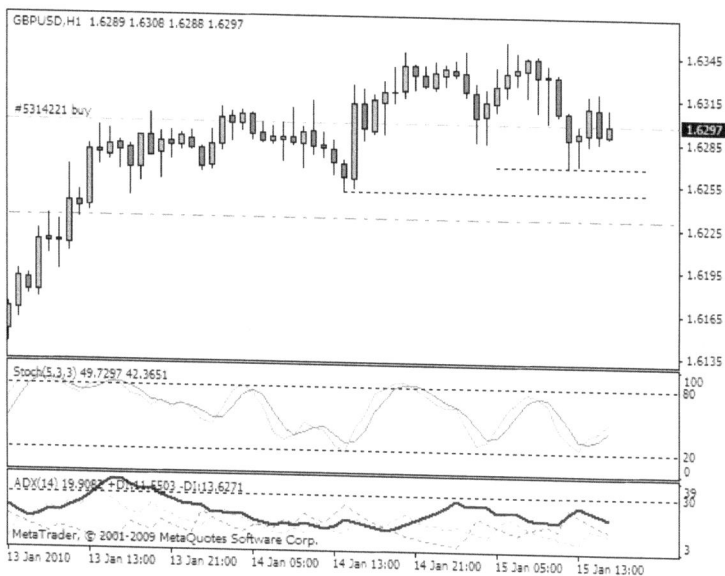

Il prezzo di entrata è 1.6297, lo stop loss è a 60 pip di distanza in questo caso a quota 1.6237. Supponiamo che il mio account è di 5.000 $, il 2% di 5.000 $ è 100 $. Quindi posso rischiare al massimo 100 $ in questa trade.

Per calcolare la posizione giusta da aprire devo sapere quanto rischiare per ogni pip; quindi calcolo:

$$100 \ \$/60 \ (pip) = 1,6 \ \$.$$

La mia posizione deve essere tale da rischiare non più di 1,6 $ ogni pip. Questo significa che posso aprire una posizione con 1 contratto mini. Se ne ho la possibilità potrei aprire una posizione con 16 micro lotti.

Esempio - Entrata short nel cambio USD/JPY

In questo caso decidiamo di andare short, quindi le mie analisi mi dicono che i prezzi dovrebbero scendere. Il prezzo di entrata è contrassegnato dalla linea tratteggiata verde e i prezzi stanno già andando nella direzione voluta. In una trade short lo stop loss sarà al di sopra del prezzo di entrata perché vogliamo proteggerci dall'evenienza che i prezzi salgano. Questa volta bisogna cercare i potenziali livelli di resistenza. Individuiamo il precedente massimo contrassegnato con la linea tratteggiata nera e poi individuiamo anche la media mobile a 50 periodi che abbiamo sempre nel grafico. Decidiamo che l'area compresa tra questi due livelli offrirà una resistenza sufficiente e mettiamo lo stop loss appena sopra (linea tratteggiata rossa).

- Se così non fosse e i prezzi dovessero salire e raggiungere il mio stop loss, pazienza, si andrà avanti con la prossima trade, ma avrò limitato i danni e le perdite.
- Il mio prezzo di entrata è a quota 91,05, lo stop loss è a 91,37 quindi rischio al massimo 32 pip questa volta.
- Il mio capitale è 5.000 $, il 2% è 100$.
- A ogni pip posso rischiare 100 $/32 (pip) = 3,125 $.
- Questa volta posso aprire una posizione con 3 mini lotti oppure, se il mio broker lo consente, con 31 microlotti.

Non è necessario trovare due livelli di supporto o resistenza tra il prezzo di entrata e lo stop loss come negli esempi riportati. Due forniscono più sicurezze, ma ne basta uno solo. Lo stop loss non verrà mai messo esattamente al livello individuato ma qualche pip più sotto nel caso di una trade long o sopra per uno short; questo perché non vogliamo che la nostra trade venga chiusa se i prezzi raggiungono tale livello e poi rimbalzano tornando ad andare nella direzione da noi voluta.
Quindi è necessario lasciare sempre un po' di spazio.

Tassi di Rollover e Swap Point

Quasi tutte le posizioni aperte sul mercato Forex in genere vengono chiuse a fine giornata; se ad esempio, acquistiamo EUR/USD a inizio giornata e chiudiamo la posizione entro le ore 23 ora italiana della stessa giornata, non dobbiamo preoccuparci del rollover.

- Il rollover è un meccanismo che entra in gioco se alla fine della giornata (23 ora italiana) vogliamo mantenere aperta la nostra posizione; la posizione aperta viene chiusa al prezzo di Bid o Ask, rispettivamente per posizioni long o short, e il relativo profit&loss giornaliero viene addebitato/accreditato sul conto. Il rollover rappresenta la differenza dei tassi di interesse tra le due divise oggetto della posizione aperta, differenza chiamata anche Swap Point o punto di swap. Questo meccanismo permette al trader di mantenere aperta una posizione per più giorni.

Attraverso i rollover è possibile, quindi:

- Guadagnare se si sta acquistando la divisa con il tasso di interesse più alto e vendendo quella con il tasso di interesse più basso.
- Perdere se si sta vendendo la divisa con il tasso di interesse più alto e acquistando quella con il tasso di interesse più basso.

Il rollover è applicato in modo automatico dal broker.
Per calcolare il rollover da applicare sul prezzo delle coppie di valute, il broker in genere chiude la posizione a fine giornata e la riapre quasi simultaneamente. La riapertura della posizione avviene contestualmente alla chiusura, ma il prezzo di carico subisce una rettifica proporzionale alla differenza fra i tassi di interesse delle valute costituenti la coppia.

Esempio

- Abbiamo una posizione aperta di 1 lotto (pari a 100.000 dollari) EUR/USD al tasso di cambio di 1.1750; durante il giorno la quotazione varia e alle 23 ora italiana il prezzo è di 1.1775.
- Il broker, quindi, chiude la posizione e ne riapre una nuova con una nuova data di valuta (value date).
- Ammettiamo che la nuova posizione sia aperta con il prezzo di 1.1776, quindi una differenza di un punto, la differenza di un pip rappresenta la differenza tra i tassi di interesse tra dollari (USD) e euro (EUR)

Nel mercato Forex, a differenza degli altri mercati finanziari in genere i broker non applicano commissioni sull'operatività, il profitto è, infatti, garantito dallo spread ovvero la differenza tra il prezzo di acquisto e il prezzo di vendita.

Come detto, alle 23 ora italiana viene eseguito il rollover delle posizioni, dove teniamo conto delle seguenti variabili:

- Giorni valuta - Per quasi tutte le valute abbiamo 1 per il roll da giorno lavorativo a giorno lavorativo (Lun, Mar, Mer, Gio) e 3 per il Ven.
- PMC - Prezzo medio di carico della posizione, pari a CTV/Quantità.
- Prezzo Close - Prezzo di chiusura della posizione alle 23; bid per posizioni short, ask per posizioni long.
- CTV_0 - Controvalore iniziale della posizione espresso in valuta incerta, pari a PMC x Quantità.
- Tassi - Sono i tassi di interesse delle varie valute espressi in percentuale
- Tasso.base - E' il tasso della valuta base, ossia della valuta certa, espresso in percentuale.
- Tasso.ref - E' il tasso della valuta "reference", ossia della valuta incerta, espresso in percentuale.
- Spread.base - E' il tasso di finanziamento della valuta base. Ipotizziamo tale tasso pari all'1%.
- Spread.ref - E' il tasso di finanziamento della valuta reference. Ipotizziamo tale tasso pari all'1%.

143

Il primo passo per il calcolo del rollover consiste nella determinazione del "Differenziale Tassi"; sono previste due formule, una da applicare alle posizioni long, l'altra per le posizioni short:

Posizioni long:

$$\text{Diff. Tassi} = \frac{1 + ((\text{Tasso.ref} + \text{Spread.ref})/36.000)}{1 + ((\text{Tasso.base} - \text{Spread.base})/36.000)}$$

Posizioni short:

$$\text{Diff. Tassi} = \frac{1 + ((\text{Tasso.ref} - \text{Spread.ref})/36.000)}{1 + ((\text{Tasso.base} + \text{Spread.base})/36.000)}$$

Il Differenziale Tassi serve per poter rettificare il vecchio PMC, e quindi il relativo CTV: questa operazione è effettuata chiudendo e riaprendo la posizione, e a tal fine abbiamo bisogno di calcolare calcolare i pips da aggiungere al CTV_0 per ottenere il CTV_1.

$$\text{Pips} = \text{Segno} \times (CTV_0 \times \text{Differenziale Tassi} + CTV_0) =$$

$$\text{Segno} \times CTV_0 \times (\text{Differenziale Tassi} - 1)$$

Dove "Segno" è il segno dell'operazione:
- + per le operazioni long
- - per le operazioni short)

I pips sono, pertanto, il differenziale di controvalore richiesto per poter rollare la posizione di un giorno. Questo valore viene arrotondato dal sistema alla seconda cifra decimale.

Una volta determinati i pips passiamo a calcolare il CTV_1 ovvero il controvalore rettificato di riapertura della posizione al giorno seguente:

$$CTV_1 = CTV_0 + (\text{pips x giorni valuta})$$

Di conseguenza è possibile determinare anche il PMC_1 ovvero il prezzo medio di carico rettificato della posizione:

$$PMC_1 = CTV_1 / \text{quantità}$$

Questo valore è arrotondato alla sesta cifra decimale. L'operazione di rollover, poiché implica la chiusura della posizione e la sua riapertura, di norma genera un profit&loss che è dato dalla differenza tra il prezzo di chiusura e il prezzo di carico PMC_0, moltiplicato per la quantità. Quindi:

$$(\text{P.Close} - PMC_0) \text{ x quantità}$$

Questo profit&loss è espresso in valuta "reference", e deve essere, quindi, convertito in Euro prima di essere accreditato (oppure addebitato) sul conto corrente. L'operazione di conversione in Euro, ove prevista, avviene con il cambio delle ore 23:00.

Esempio

Supponiamo che alle 23:00 il cross EUR/USD abbia un Prezzo Close di 1,4350 e che esista una posizione aperta con le seguenti caratteristiche:

- Controvalore (CTV_0): 100.000 EUR
- Prezzo Medio Carico (PMC_0): 1,4310
- Segno: Long
- Giorno operazione: Martedì

Il nuovo prezzo di carico (PMC_1) sarà calcolato utilizzando la seguente formula:

$$\text{Diff. Tassi} =$$

$$1 + ((\text{Tasso.ref} + \text{Spread.ref})/36.000) \, /$$

$$1 + ((\text{Tasso.base} - \text{Spread.base})/36.000) =$$

$$1 + ((0,325 + 1)/36.000 \, /$$

$$1 + ((0,65 - 1)/36.000) =$$

$$0,99993542$$

$$\textbf{Pips} = \textbf{Segno x (CTV}_0 \textbf{ x Differenziale Tassi} + \textbf{CTV}_0 \textbf{)} =$$

$$\textbf{Segno x CTV}_0 \textbf{ x (Differenziale Tassi} - 1 \textbf{)} =$$

$$+ (100.000 \text{ x } 1,435) \text{ x } (0,99993542 - 1) =$$

$$6,69$$

Nota: Il numero di pips è arrotondato al secondo decimale. Di conseguenza:

$$\textbf{CTV}_1 = \textbf{CTV}_0 + \textbf{(pips x giorni di valuta)} =$$

$$143.500 + (6,69 \text{ x } 1) = 143.506,69$$

Da cui si ricava:

$$\textbf{PMC}_1 = \textbf{CTV}_1 \text{ / Quantità}_0 =$$

$$143.506,69 \text{ / } 100.000 = 1,435067$$

Quantità$_0$ è il controvalore di carico della posizione espresso in valuta certa (in questo caso l'Euro). PMC$_1$, inoltre è un valore approssimato al sesto decimale.
Il Profit&Loss accreditato/addebitato sul conto sarà pertanto il seguente:

$$\textbf{P\&L} = \textbf{(Prezzo Close} - \textbf{PMC}_0\textbf{) x Quantità}_0 =$$

$$(1,4350 - 1,435067) \text{ x } 100.000 = -6,67 \text{ USD}$$

146

Questo importo va infine convertito in Euro; avremo, pertanto, un loss di circa 4,66 Euro. Il P&L così calcolato, in quanto negativo, viene addebitato sul conto Forex.

Esempio

Supponiamo che, il venerdì sera alle 23:00 il cross EUR/AUD batta un Prezzo Close di 1,37500 e che esista una posizione aperta con le seguenti caratteristiche:

- Controvalore: 100.000 EUR
- Prezzo Medio Carico (PMC$_0$): 1,38
- Segno: Short
- Giorno operazione: Venerdì
- Il nuovo prezzo di carico (PMC$_1$) sarà calcolato utilizzando la formula sotto riportata:

$$\textbf{Diff. Tassi} =$$

$$\textbf{1 + ((Tasso.ref − Spread.ref)/36.000) /}$$

$$\textbf{1 + ((Tasso.base + Spread.base)/36.000) =}$$

$$\textbf{1 + ((4,695 − 1)/36.000) / 1 + ((1,65 + 1)/36.000) =}$$

$$\textbf{1,00005680295209}$$

$$\textbf{Pips = Segno x CTV}_0 \textbf{ x (Diff. Tassi − 1) =}$$

$$\textbf{− (100.000 x 1,375) x (1,00005680295209 − 1) = − 7,81}$$

Di conseguenza:

$$\textbf{CTV}_1 = \textbf{CTV}_0 + \textbf{(Pips x giorni di valuta) =}$$

$$\textbf{137.500 + (− 7,81 x 3) = 137.476,57}$$

Da cui si ricava:

$$\textbf{PMC1 = CTV}_1 \textbf{ / Quantità}_0 =$$

$$\textbf{137.476,57 / 100.000 = 1,374766}$$

Quantità$_0$ è il controvalore di carico della posizione espresso in valuta certa, in questo caso l'Euro. PMC$_1$, inoltre è un valore approssimato al sesto decimale. Il Profit&Loss accreditato/addebitato sul conto sarà pertanto il seguente:

$$\textbf{P\&L = (Prezzo Close} - \textbf{PMC}_0\textbf{) x Quantità}_0 =$$

$$\textbf{(1,375} - \textbf{1,374766) x 100.000} = + \textbf{23,40 AUD}$$

Il P&L così calcolato può facilmente essere convertito in valuta base (in questo caso da AUD in EUR), al Prezzo Close del cambio EUR/AUD, che ipotizziamo pari a 1,3750. Ne deriva un P&L positivo per 17,02 Eur. Il P&L così calcolato, in quanto positivo, viene accreditato sul conto Forex.

Lotti, Minilotti, Microlotti

Quando si inizia a fare trading sul forex con una piattaforma demo solitamente il broker mette a disposizione 100.000 $ virtuali. Con una somma così importante, e soprattutto virtuale, non si fa molta attenzione alla grandezza della posizione che si apre e il rischio che comporta. Invece imparare a conoscere i vari tipi di contratti che è possibile negoziare ci aiuta a monitorare il nostro rischio e a calcolare la grandezza corretta della posizione da aprire.
Prima di elencare i contratti è importante precisare cosa sia un pip.

*   La vecchia definizione di pip era: "il movimento minimo che il prezzo di una coppia può avere".

Oggi non è più così, con la comparsa dei broker che quotano i prezzi con 5 cifre decimali e non più solo 4.
Un pip comunque rimane la quarta cifra decimale per le principali coppie di valute mentre per le coppie come lo Yen, un pip è la seconda cifra decimale.

Esempio

Con un broker che quota il prezzo a 4 cifre decimali, se il prezzo del cambio EUR/USD sale da 1,1785 a 1,1786 vuol dire che è salito di un pip.
Se scende da 1,1786 a 1,1783 è sceso di 3 pip.
Con un broker a 5 cifre decimali, lo spostamento da 1,17356 a 1,17366 è considerato un pip.
Per il cambio EUR/JPY, ad esempio, si guarda la seconda cifra decimale quindi lo spostamento da 130,69 a 130,70 è un pip, mentre con i broker che quotano una cifra decimale aggiuntiva lo spostamento da 130,706 a 130,716 è considerato un 1 pip.
Spero sia chiaro perché è un concetto basilare.
Ora che abbiamo capito cos'è un pip possiamo vedere quali sono i principali contratti nel forex:

1. Lotti Standard.

- Sul mercato forex la dimensione di un contratto standard è di 100.000 unità della valuta base ovvero un lotto.

- Il valore nominale di un lotto standard è di 100.000 Dollari.

Non sarebbe fattibile da negoziare per i trader retail senza la leva finanziaria. Con la leva con una piccola quantità di capitale quindi possiamo controllare uno o più lotti standard. Ovviamente, seppur non dobbiamo versare i 100.000 Dollari per acquistare il contratto, siamo soggetti al rischio di mercato che un contratto così grande comporta.

Per questo è importante capire quanto vale ogni pip.

Ripetiamo, la quota precisa per pip varia a seconda della coppia negoziata, tuttavia vale circa 10$ a pip.

- Questo vuol dire che se apriamo una posizione con 1 lotto standard e i prezzi si muovono di 30 pip, avremo guadagnato o perso 300 $ (30x10 $=300 $), o l'equivalente di ciò se il nostro account è in €.

2. Mini Lotti

- Il valore di un mini lotto è 1/10 del valore del contratto standard, quindi 10.000 unità della valuta base. Con una leva di 100:1 e considerando quale USD la valuta base avremmo bisogno di soli 100$ per iniziare a operare.

- Il valore nominale dei mini lotti è di 10.000 Dollari e ogni pip equivale a 1$.

Quindi se apriamo 1 lotto e i prezzi si muovono di 50 pip, guadagneremo o perderemo 50 $ (50x $=50), o l'equivalente di tale somma se il nostro account è in €.

3. Micro Lotti

- Il micro lotto equivale a 1/100 di un lot o 1/10 di mini lot quindi 1.000 USD.
- Con una leva di 100:1 avremmo bisogno di soli 10$ per iniziare a operare.
- Il valore nominale di un micro lotto è di 1.000 $ e ogni pip equivale a 0,10 $.

Di conseguenza se apriamo 1 micro lotto e i prezzi si muovono di 70 pip, avremo perso o guadagnato 7 $ (70x0,10 $=7 $), o l'equivalente in € di tale somma.
Ora che sappiamo quali sono i contratti e il valore dei pip, possiamo parlare della grandezza della posizione da aprire.
Nelle pagine precedenti abbiamo parlato delle regole del money management, della regola del 2%, del valore dei contratti e dei singoli pip.
E' ora il momento di mettere tutto insieme e stabilire come si sceglie la grandezza della posizione giusta da aprire.
Ricapitoliamo:

- Individuiamo un livello di supporto o resistenza oltre il quale inserire lo stop loss.
- Calcoliamo la distanza in pip tra il prezzo di entrata e lo stop loss.
- Calcoliamo il 2% del capitale totale del nostro conto di trading sul forex e individuiamo quanto possiamo rischiare nella trade.
- Dividiamo la quantità che possiamo rischiare per la distanza in pip dello stop loss dal prezzo di entrata.
- Se il nostro account è in € otterremo il valore in € di un pip.
- Trasformiamo questo valore da € in $ e scopriamo quanti e quali contratti possiamo aprire.

Facciamo un esempio preso dal seguente grafico orario del cambio EUR/USD:

```
EURUSD,H1 1.4374 1.4386 1.4373 1.4382
#5322865 buy
MetaTrader, © 2001-2009 MetaQuotes Software Corp.
13 Jan 2010   14 Jan 07:00   14 Jan 15:00   14 Jan 23:00   15 Jan 07:00   15 Jan 15:00   18 Jan 01:00   18 Jan 09:00
```

Scorgo un'opportunità. Noto che il trend ribassista del cambio EUR/USD si è esaurito, i prezzi hanno varcato la media mobile a 21 periodi che, per la mia strategia reputo importante, e credo che ci sia una buona possibilità che i prezzi salgano.

Procediamo, quindi, nel seguente modo:

- Inseriamo lo stop loss. Riteniamo che la media mobile a 21 periodi stia fungendo da supporto, poco più sotto il precedente minimo sembra un'ulteriore conferma che quell'area dovrebbe impedire ai prezzi di scendere maggiormente.
- Calcoliamo l'ampiezza dello stop loss in pip. Il nostro prezzo di entrata è 1,4385 mentre lo stop loss è a 1,4357. Quindi c'è una distanza di 28 pip.
- Calcoliamo il 2% del nostro capitale. Il nostro capitale è, ad esempio, di 2.000 €, quindi il 2% è 40 €. Questo è quanto possiamo rischiare in questa trade.
- Calcoliamo il valore per pip che possiamo rischiare. Dividiamo la quantità che possiamo rischiare per l'ampiezza dello stop loss:
  - 40 €/ 28 = 1,43 €.

- Significa che possiamo rischiare 1,43 € per pip.
- Trasformiamo in $; il cambio vale circa 1,44 quindi l'equivalente di 1,43 € è 2 $ circa. Quindi equivale a dire che posso rischiare 2 $ a pip.
- Decidiamo quanti lotti possiamo aprire. Sappiamo che il valore di un pip per ogni mini lotto è di 1$ quindi possiamo aprire una posizione con 2 mini lotti rischiando solo il 2% del nostro capitale in questa occasione.

Questo processo sembra difficile, ma se ci pensiamo bene dobbiamo farlo solo la prima volta passo per passo per renderci conto di quanto possiaamo rischiare e quanti lotti possiamo aprire. Non si pretende che il 2% sia calcolato al centesimo e la trasformazione dall'Euro al Dollaro sia fatta con il cambio esatto. Queste sono solo linee guida che permettono di prendere una saggia e accurata decisione sulla grandezza della posizione da aprire. Nel trading di tutti i giorni non si ha bisogno di ripetere questa procedura ogni volta.

E' chiaro che se il nostro capitale è più o meno quello, se l'ampiezza dello stop loss invece di essere di 28 pip, come nell'esempio, è di 20 o di 40 pip possiamo ancora aprire una posizione di uguale grandezza. Tuttavia è comprensibile come si debba invece soffermarsi un secondo e rifare i calcoli se decido di aprire una trade con 100 pip di stop loss.

- Consideriamo che, se dopo una serie positiva di trade, il mio capitale è aumentato notevolmente, possiamo ricalcolare il nostro 2% e scoprire che è aumentato, permettendoci così di aumentare la grandezza delle nostre posizioni.
- Al contrario, se dopo una serie negativa di trade il nostro capitale è diminuito significativamente, forse è meglio ricalcolare il 2% e quindi rischieremo una quantità minore in termini assoluti.

Abbiamo già parlato del rapporto tra rischio e guadagno e ora cercheremo di svilupparlo meglio.

Questo concetto indica che per rischiare dei soldi in una trade il rischio deve essere minore del potenziale guadagno, altrimenti non ne vale la pena. Perché mai, infatti, dovremmo rischiare 30 pip per guadagnarne 10. Non sarebbe una scelta molto saggia.

- Ma quanto deve essere il guadagno maggiore del rischio per essere accettabile?

Dipende dal tipo di trade e dalla percentuale di riuscita di quel particolare set-up.

- Se sappiamo che un determinato pattern dei prezzi si conclude con successo il 50% delle volte, allora se il nostro stop loss e il nostro target sono alla stessa distanza (rischio/guadagno 1:1), statisticamente alla lunga non perderemo ne guadagneremo soldi.
- Se il nostro pattern ha una percentuale di riuscita del 50% ma il nostro rapporto rischio/guadagno è di 1:2, statisticamente alla lunga guadagneremo il doppio di quanto perdiamo.
- Quindi, se abbiamo un pattern che si conclude con successo il 70% delle volte e usiamo un rapporto rischio/guadagno di 1:3, vuol dire che statisticamente il 70% delle volte guadagniamo 3 e il 30% delle volte perdiamo 1. Alla lunga quindi questo farà crescere il nostro account in maniera esponenziale.

Praticamente il rapporto/rischio guadagno viene stabilito prima di entrare in una trade.

- Quando si individua una possibilità, si deve stabilire prima di tutto dove posizionare lo stop loss. Poi si identifica il potenziale target per i prezzi. Se il rapporto rischio/guadagno è accettabile, possiamo prendere quella trade, altrimenti ne aspetteremo un'altra più favorevole.

Ogni sistema di trading fa storia a sé quindi ognuno di noi dovrà calcolare la percentuale di riuscita delle trade e inglobare questo concetto di risk/reward. Per dare delle linee guida generali, il rapporto rischio guadagno dovrebbe essere come minimo:

- 1:3 per le trade che seguono il trend.
- 1:1,5 per le trade nel range.
- 1:1 per le trade contro il trend.

Questi sono i valori minimi, sotto dei quali non si deve prendere quella determinata trade. Se individuiamo rapporti maggiori tanto meglio. Molti libri, guide e corsi di trading ci svelano la strategia di entrata facendoci credere che sia la migliore strategia in assoluto che ci farà guadagnare tanti soldi facili.

Poi andiamo a casa a provarla e per qualche strana ragione non riusciamo guadagnare costantemente. Perché?

La ragione è molto semplice, perché la strategia di entrata conta solo probabilmente per il 2% sulla riuscita di una trade.

Il restante 98% è dato dalla strategia di uscita, delle regole del money management e dalla psicologia.

Futures su Valute

I Futures sono dei contratti standardizzati nei quali le parti si impegnano a scambiarsi, a un prezzo predeterminato e a una data futura o in un periodo di tempo futuro, delle valute o dei beni. Questo strumento a termine, catalogato come un financial future, ha quattro scadenze annuali (marzo, giugno, settembre e dicembre); per mantenere aperta la posizione per un anno intero, oltre a procedere con il primo acquisto (o vendita), sarà necessario effettuare tre "roll over", ovvero chiudere la posizione in scadenza per aprirne una con scadenza successiva. A ogni roll over si incorrerà in alcuni costi e in alcuni rischi. Alle commissioni da pagare all'intermediario si dovrà sommare un secondo fattore determinante: lo spread, ovvero la differenza di prezzo tra il contratto in scadenza e quello successivo. Lo spread si compone di due fattori:

- La "Basis" o "Base", legittima differenza tra prezzo del Future e prezzo "spot" della valuta, dovuta ai diversi tassi a cui è possibile investire risk free nelle due valute. A scadenza la Basis sarà pari a zero, e il prezzo del Future convergerà verso il prezzo spot. Si dice, infatti, che il mercato Future e il mercato Cash si incontrano alla scadenza.

- Lo Spread vero e proprio, ovvero la differenza netta tra il prezzo effettivo del Future e il suo prezzo teorico tenendo conto della Basis.

Esempio

Ipotizziamo che:
- Il tasso di cambio rimanga fisso a 1,40 Dollari per ogni Euro.
- Il "costo opportunità" del capitale sia del 3%, ovvero quanto ci costerebbe prendere a prestito il capitale necessario, o in alternativa quanto potremmo

guadagnare investendo il capitale in uno strumento alternativo.
• A ogni roll over si paghino due tick di spread effettivo, al netto della basis.

Le voci di spesa sono:
• Il 3% dovuto al costo opportunità del capitale necessario per finanziare il margine di 3.000 €:

$$3\% \times 3000 \text{ €} \times 1 \text{ Anno} = 90 \text{ €}$$

• 3 $ di commissione per ogni eseguito:

$$3 \text{ \$} \times 7 \text{ eseguiti (primo eseguito più 6 eseguiti dovuti ai 3 roll over)} = 21 \text{ \$} \approx 15 \text{ €}$$

• Lo spread pagato a ogni roll over:

$$2 \text{ tick} \times 12,5 \text{ \$/Tick} \times 3 \text{ roll over} = 75 \text{ \$} \approx 53,57 \text{ €}$$

• Il costo totale ammonta a:

$$90 \text{ €} + 15 \text{ €} + 53,57 \text{ €} = 158,57 \text{ €}$$

ovvero poco meno dello 0,127% del valore nominale del Future.

Il Future è quindi uno strumento estremamente snello per investire sulle valute, tanto più se si considerano i benefici che derivano dall'operare su un mercato trasparente come il CME. Condizioni così competitive sono possibili in quanto gli strumenti forniti dal CME sono utilizzati tanto dai piccoli investitori retail quanto da grandi gruppi che mai accetterebbero soluzioni inefficienti. Il solo svantaggio è la necessità di chiudere e aprire una nuova posizione ogni tre mesi. Se decidiamo di acquistare o vendere un currency future dobbiamo rivolgersi a un broker autorizzato che opera sulle borse che quotano i futures (cme, globex, sgx). Naturalmente ogni borsa ha condizioni diverse sui margini iniziali e di mantenimento. Nei futures vengono trattate solo le coppie di valute più scambiate che sostanzialmente si dividono in due tipologie:

- Futures su alcune valute contro l'USD.
- I cross euro.

Il prezzo dei futures viene stabilito dal differenziale di tasso d'interesse tra le valute messe in relazione.

I futures forex sono utilizzati secondo due modalità:

- La speculazione. Attraverso i futures di speculazione, chiaramente, le contrattazioni cercano, pur rischiando, di trarre un certo profitto dalla loro compravendita. A questo guadagno contribuiscono i futures forex perché godono di minori costi di transazione, spread più bassi e l'opportunità di usare leve finanziarie più larghe. È pur vero che operare con i futures prevede l'utilizzo di un cospicuo capitale e potrebbero essere soggetti a tassazione. Oltre a questo, i futures forex hanno margini piuttosto stretti fra la domanda e l'offerta, permettendo anche al piccolo investitore di competere con trader ben più attrezzati.
- L'hedging (copertura). Attraverso i futures hedging si cerca di limitare i rischi derivanti dalla fluttuazione che accompagna l'andamento delle valute. Ciò avviene contrattando precedentemente un prezzo per lo scambio di una determinata coppia di valute, mettendosi così al riparo da future variazioni. Futures di questo tipo possono interessare a un'azienda che, commerciando soventemente i suoi prodotti con l'estero, acquista futures valute pari all'ammontare della somma che prevede di guadagnare dalla sua attività commerciale in un determinato Paese straniero. Ciò dà all'azienda la certezza di un guadagno che, con il passare del tempo, potrebbe essere vanificato da uno sfavorevole cambio moneta.

A parte i contratti più popolari, come l'EUR/USD, ci sono anche dei contratti chiamati E-Micro Forex Futures che vengono venduti a un decimo del contratto future standard; inoltre, si possono trovare delle valute appartenenti a mercati emergenti come il tasso PLN/USD (future della coppia Zloty polacco/Dollaro USA) e il RUB/USD (futures della coppia Rublo russo/Dollaro USA). Contratti diversi vengono scambiati con vari gradi di liquidità. Ad esempio, il volume giornaliero per il contratto EUR/USD potrebbe essere di 400.000 contratti, mentre quello per il BRL/USD (Real Brasiliano/Dollaro USA) potrebbe essere di 33 contratti scambiati in un giorno.

Dollaro canadese

Il Dollaro Canadese deve la sua importanza alla vicinanza agli Usa e all'intensità dei rapporti commerciali import - export con gli Stati Uniti. Il Future sul Dollaro Canadese, introdotto nel 1972, definisce il rapporto di cambio tra la valuta americana e quella canadese, indicando quanti dollari Usa occorrono per acquistare un dollaro canadese.

- Il valore del contratto è pari a 100.000 dollari canadesi.

Viene contrattato al CME (Chicago Mercantile Exchange) attraverso il circuito di negoziazione elettronico (Cme Globex), che ne consente una contrattazione 24 ore su 24.

- Sigla contratto: CD
- Dimensione del contratto - 100.000 CAD
- Variazione minima di prezzo (tick) - 0,0001
- Valore Tick - 10 $
- Mesi di scadenza: Marzo, Giugno, Settembre, Dicembre.
- Borsa: CME (Chicago Mercantile Exchange).
- Orario di contrattazione: dalle 7.20 a.m. alle 2.00 p.m. a Chicago.

Euro

L'Euro, è la valuta sovranazionale della maggior parte dei paesi della Comunità Europea, grande escluso il Regno Unito che non ha adottato tale divisa mantenendo la Sterlina Britannica. Negli ultimi anni le contrattazioni sono state sostenute anche da un enorme flusso di scambi di origine speculativa, frutto di un crescente interesse degli operatori finanziari su mercati differenti rispetto a quelli azionari e obbligazionari.
Il Future sul rapporto di cambio fra Euro e Dollaro Usa indica quanti dollari Usa occorrono per acquistare un Euro.
- Il valore del contratto è pari a 125.000 Euro.

Viene contrattato al CME (Chicago Mercantile Exchange) attraverso il circuito di negoziazione elettronico (Cme Globex), che ne consente una contrattazione 24 ore su 24.
- Sigla contratto: CU
- Dimensione del contratto - 125.000 EUR
- Variazione minima di prezzo (tick) - 0,0001
- Valore Tick - 12,50 $
- Mesi di scadenza: Marzo, Giugno, Settembre, Dicembre.
- Borsa: CME (Chicago Mercantile Exchange).
- Orario di contrattazione: dalle 7.20 a.m. alle 2.00 p.m. a Chicago.

Franco svizzero

Il Franco Svizzero è la valuta della piccola Confederazione Elvetica, ha sempre rappresentato una divisa importante in quanto scarsamente correlata con gli andamenti delle altre valute e quindi fornisce una buona diversificazione dei portafogli monetari. Il Future sul Franco Svizzero introdotto nel 1972 definisce il rapporto di cambio tra la valuta americana e quella svizzera, indicando quanti dollari occorrono per acquistare un franco svizzero.

• Il valore del contratto è pari a 125.000 franchi.

Viene contrattato al CME (Chicago Mercantile Exchange) attraverso il circuito di negoziazione è elettronico (Cme Globex), che ne consente una contrattazione 24 ore su 24.

• Sigla contratto: SF
• Dimensione del contratto - 125.000 CHF
• Variazione minima di prezzo (tick) - 0,0001
• Valore Tick - 12,50 $
• Mesi di scadenza: Marzo, Giugno, Settembre, Dicembre.
• Borsa: CME (Chicago Mercantile Exchange).
• Orario di contrattazione: dalle 7.20 a.m. alle 2.00 p.m. a Chicago.

Sterlina inglese

La Sterlina Inglese è la valuta del Regno Unito e costituisce una delle maggiori divise negoziate nel mondo da parte di imprese, istituzioni, banche e trader individuali.

Da sempre ha occupato un posto di rilievo negli scambi valutari, aiutata da un lato dall'indiscussa supremazia della City negli affari economici europei e da un lato come moneta di riferimento tra gli scambi import-export tra Europa e Stati Uniti. Pur essendo stata inserita sin dal primo momento al paniere dell'EURO, non ha aderito all'adozione dell'Euro, atto che, se da un lato ha preservato la sua economia dalle dinamiche equilibratrici di convergenza comunitaria, rischia tuttora di spingerla in un isolamento valutario.

Il Future sulla Sterlina Inglese è stato introdotto nel 1975 e rappresenta il rapporto Sterlina/Dollaro, indicando quanti dollari occorrono per acquistare una sterlina.

• Il valore del contratto è pari a 62.500 sterline.

Viene contrattato al CME (Chicago Mercantile Exchange) attraverso il circuito di negoziazione è elettronico (Cme Globex), che ne consente una contrattazione 24 ore su 24.

• Sigla contratto: BP
• Dimensione del contratto - 62.500 GBP
• Variazione minima di prezzo (tick) - 0,0001
• Valore Tick - 6,25 $
• Mesi di scadenza: Marzo, Giugno, Settembre, Dicembre.
• Borsa: CME (Chicago Mercantile Exchange).
• Orario di contrattazione: dalle 7.20 a.m. alle 2.00 p.m. a Chicago.

Yen giapponese

Lo Yen è la valuta del Giappone e costituisce un'importante divisa di riferimento per gli scambi commerciali con parte dell'area dell'Asia orientale. La divisa giapponese funge inoltre da valuta appoggio per le triangolazioni e gli arbitraggi di copertura nei cross Euro e Dollaro, equilibri su cui spesso nel passato si è inserita anche la BOJ (Bank of Japan). Il Future sullo Yen introdotto nel 1972 definisce il rapporto di cambio tra la valuta americana e quella giapponese, indicando quanti dollari occorrono per acquistare uno yen.

* Il valore del contratto è pari a 12.500.000 yen.

Viene contrattato al CME (Chicago Mercantile Exchange) attraverso il circuito di negoziazione è elettronico (Cme Globex), che ne consente una contrattazione 24 ore su 24.

* Sigla contratto: JY
* Dimensione del contratto - 12.500.000 JPY
* Variazione minima di prezzo (tick) - 0,000001
* Valore Tick - 12,50 $
* Mesi di scadenza: Marzo, Giugno, Settembre, Dicembre.
* Borsa: CME (Chicago Mercantile Exchange).
* Orario di contrattazione: dalle 7.20 a.m. alle 2.00 p.m. a Chicago.

La copertura dal rischio cambio

Tra le operazioni più classiche di copertura dal rischio di cambio troviamo i cosiddetti contratti a termine (o forward).
Il mercato a termine comprende tutte le operazioni di negoziazione di divisa (acquisto/vendite) la cui effettiva esecuzione dovrà avvenire in un momento successivo, rispettando scadenze stabilite e a un cambio prefissato.
In una situazione di equilibrio il mercato il cambio forward è determinato da tre variabili indipendenti:

* Cambio a pronti o spot.
* Tassi di'interesse delle valute oggetto di transazione.
* Tempo.

Il prezzo di una transazione nel mercato dei cambi differita nel tempo, che rappresenta un impegno futuro, deve incorporare il differenziale dei flussi di interessi che sono generati della transazione stessa.
Quindi la formula per calcolare il cosiddetto premio o sconto è la seguente:

spot * (tasso divisa incerta – tasso divisa certa) x gg/36.000

Il cambio a termine è la somma di spot +/- premio/sconto.
Il premio/sconto rappresenta l'interesse netto corrente su un capitale unitario rappresentato dal cambio spot ed è determinato matematicamente, in misura direttamente proporzionale al cambio spot, al differenziale dei tassi di interesse delle divise interessate e alla durata dell'operazione.

* Il cambio a termine non è altro quindi che il montante del cambio a pronti, calcolato secondo i tassi di interesse e rappresenta quindi il cambio a pronti più (algebricamente) il "costo del tempo".

Come sappiamo, ciascuna valuta è caratterizzata da un proprio tasso di finanziamento; se il tasso dell'euro e quello del dollaro sono uguali, gli interessi sugli euro ai quali l'operatore rinuncia corrispondono esattamente a quelli che maturano sui dollari acquistati. Il cambio a pronti (spot) della valuta estera è in questo caso uguale al cambio a termine (forward).

La situazione prospettata non e` frequente; ne consegue che il cambio a termine è normalmente diverso da quello a pronti.

• Nella quotazione certo per incerto, il cambio a termine è quello che si ottiene sommando al cambio a pronti gli interessi sulla moneta estera e sottraendo gli interessi sulla moneta nazionale.

In presenza di una quotazione certo per incerto, possiamo quindi scrivere la seguente relazione:

**cambio a termine =
cambio a pronti + interessi sulla valuta estera – interessi
sulla valuta nazionale**

cioè:

**cambio a termine =
cambio a pronti + differenziale interessi tra le due valute**

Se gli interessi sulla valuta nazionale sono superiori rispetto a quelli sulla valuta estera, il differenziale interessi assume un valore negativo e, quindi, il cambio a termine è meno elevato del cambio a pronti.

Se, al contrario, sono superiori gli interessi sulla moneta estera, il differenziale interessi assume valore positivo; il cambio a termine, pertanto, è maggiore del cambio a pronti.

Esempio

La società XY deve pagare fra 90 giorni un debito di 18.450.000 yen alla società ZT.
Sapendo che:

• Il cambio a pronti EUR/JPY e` 139,8480

167

- Il tasso dello yen è il 2,50%
- Il tasso dell'euro 7 il 3,50%.

Determiniamo il cambio a tre mesi dello yen e calcoliamo la somma pagata dall'importatore, nell'ipotesi che l'operatore decida di stipulare un'operazione a termine.
Gli interessi per 90 giorni sullo yen ammontano a:

$$I = 139,8480 * 2,50 * 90 / 36.500 = 0,8621$$

Calcoliamo ora i corrispondenti interessi sull'euro:

- $$I = 139,8480 * 3,50 * 90 / 36.500 = 1,2069$$

Il cambio a termine è dato dal cambio spot aumentato degli interessi sullo yen e diminuito di quelli sull'euro:

- $$Ct = 139,8480 + 0,8621 - 1,2069 = 139,5032$$

E' possibile pervenire al medesimo risultato calcolando direttamente il differenziale interessi e sottraendolo poi al cambio a pronti:

- $$I = 139,8480 * (2,50 - 3,50) * 90 / 36.500 = - 0,3448$$

Da cui:

**139,8480 (cambio a pronti) – 0,3448 (differenziale tassi) =
139,5032 (cambio dello yen a 90 giorni)**

La società XY può quindi cautelarsi da un andamento sfavorevole dei cambi, apprezzamento dello yen rispetto all'euro, vendendo a termine la valuta giapponese; in tal modo, essa e` in grado di quantificare fin da ora l'ammontare che pagherà fra 90 giorni:

**JPY 18.450.000 al cambio a termine di 139,5032 =
18.450.000 : 139,5032 = € 132.255,03**

168

Nella realtà operativa, i cambi a termine sono influenzati anche da altri elementi, e in particolare dalle aspettative che, non sempre razionalmente, sono formulate dal mercato circa l'andamento futuro delle monete.

Il cambio a termine in presenza di valutazioni positive circa il comportamento futuro della valuta quotata risulta più elevato rispetto alla sua parità teorica, mentre assume valori più bassi in caso contrario.

www.ingramcontent.com/pod-product-compliance
Lightning Source LLC
Chambersburg PA
CBHW060029210326
41520CB00009B/1051